ROLANDO GONZÁLEZ BÁEZ

EL DESAFÍO
DE LOS TIEMPOS
MO
DER
NOS

UNA VISIÓN SOBRE LAS
OPORTUNIDADES DEL CAMBIO

snow
fountain
press

El desafío de los tiempos modernos
Una visión sobre las oportunidades del cambio

© 2019 Rolando González Báez
Segunda edición, 2021

Snow Fountain Press
25 SE 2nd. Avenue, Suite 316
Miami, FL 33131
www.snowfountainpress.com

ISBN: 978-1-951484-27-9
Dirección editorial: Pilar Vélez
Diseño de portada: Alejandra González
Diseño, ilustraciones, infografias y diagramación: Alynor Díaz
Edición de textos: Marina Araujo
Fotografía del autor: Melvin Javier
Algunas imágenes fueron tomadas de banco de imágenes de dominio público y otras fueron ilustradas y hechas digitalmente para la producción de este libro.

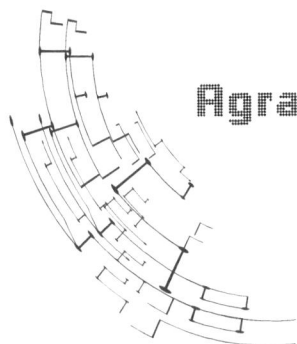

Agradecimientos

Casi ningún proyecto de libro se realiza de forma aislada. Siempre hay personas que alientan, apoyan, recomiendan, sugieren y revisan estos esfuerzos. La presencia de estos individuos en la vida de cualquier autor hace que el proyecto sea de mejor calidad, debido a los efectos sinérgicos producidos por sus sabios consejos.

Quiero dejar constancia de mi profundo agradecimiento a todos los familiares y amigos que de una forma u otra contribuyeron o asistieron para que este libro se convirtiera en una realidad. Estoy agradecido a las siguientes personas: Katrina Vargas Vila, Eduardo González, Juan A. González Báez, Jorge G. González, Fermín P. González, Rosa María González Guarda, Alejandra González, Sara Victoria González, Harry Weisler, Hani Firp, Claudia y César Vega, Briget Pla, Ivis Carmenate y Tomás Bello. Más que agradecido, me siento endeudado con Gustavo J. Gómez, Ph.D. un autor galardonado con múltiples premios, cuyos consejos y aportes enriquecieron la obra.

Finalmente, estoy sumamente agradecido a mi esposa, Margarita M. González, con quien consulté cada idea y palabra contenida en este libro. Su paciencia fue infinita y su colaboración vital.

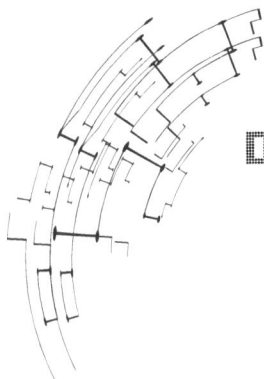

Dedicatoria

A Carlos Andrés, mi hijo. Para ti mi primer libro y todo mi amor.

Tabla de contenido

Prefacio

En este libro, *El desafío de los tiempos modernos*, el autor aborda, sin temor, el gran tema sobre los revolucionarios cambios y avances de la tecnología en casi todos los campos del desarrollo humano; le da mucho énfasis, no solo a la magnitud de los avances, sino también a la velocidad de los mismos. Esto crea un gran reto de adaptación social, económica y de sanidad mental para la población de —como él menciona certeramente— este precioso planeta.

El libro presenta, por capítulos, los cambios tecnológicos en el campo de la inteligencia artificial (IA), incluyendo el «aprendizaje profundo de los robots», transporte, fuerzas armadas, nanotecnología, medicina del futuro, energías renovables, etc. y cómo los seres humanos, con su poderoso y neuroplástico cerebro, se van adaptando rápidamente a la nueva vida que se va creando con la implementación de todos estos adelantos en nuestra vida cotidiana. Todo esto dicho de una manera clara, directa y amena. Es un gran trabajo de análisis de data e investigativo, digerido y simplificado para facilitar la comprensión de lo que está sucediendo y su gran magnitud.

El libro es un llamado de alerta con respecto al medioambiente y un bálsamo para los que temen y sufren por el futuro inmediato y no conocen las herramientas que los humanos tenemos para adaptarnos y triunfar. Este libro, en su profundidad, es un canto de alegría y un piropo a la vida.

Fidel Albelo

Entrenador, árbitro internacional y miembro del Salón de la Fama de Lucha Libre en la Unión Americana

Introducción

Por cientos de miles de años, los adultos han entrenado a los niños y jóvenes en el arte del conocimiento humano como medio de sobrevivir y progresar. Esta situación está cambiando rápidamente con el desarrollo exponencial de la tecnología. La velocidad del cambio ha sido un reto a nuestra capacidad mental de adaptarnos y sobrevivir, con cordura, a esta realidad que se nos vino encima.

Casi todos los que somos de la segunda y tercera edad hemos experimentado la sensación de desasosiego y humildad de enfrentarnos a tecnologías y a aplicaciones que desconocemos y que solo los más jóvenes entienden y manejan con rapidez y gran soltura (espeluznantemente veloz), es una situación, en realidad, extraordinaria y revolucionaria a la vez.

Esto ha provocado cambios profundos en las relaciones humanas y en las reglas del juego, que cambia drásticamente el *status quo* social, político y económico del planeta en el que tenemos el gran privilegio de vivir. ¡No me cabe duda de que estamos en el umbral de un mundo mucho mejor!

El cambio como tal está provocando caos en la vida de millones de personas y en casi todas las industrias. Es realmente impresionante la velocidad de esta revolución tecnológica y el avance exponencial del conocimiento humano, todo esto está causando el abaratamiento de productos y servicios que hasta hace poco eran muy costosos, por ejemplo, los ordenadores personales. El desarrollo y la tecnología están llegando a todos los confines del planeta. ¡Bienvenidos al **Desafío de los tiempos modernos!**

El desarrollo del *software* va a irrumpir y a afectar a la mayoría de las industrias que hoy funcionan aparentemente bien. Por ejemplo, Uber, esta es una herramienta de *software* que no posee ni un solo automóvil, y es, hoy por hoy, la mayor compañía de taxis del mundo. Este fenómeno va a afectar la manera en que el mundo conduce sus negocios. Imagínese que usted acaba de invertir 1 000 000.00 de dólares en un medallón de taxis en una gran ciudad como Nueva York o Nueva Deli, y, al mes, se establece Uber o Lyft en su ciudad. ¿Cuál sería el resultado? ¡Obvio!, las personas se transportarían con más facilidad, confort y rapidez a un costo mucho menor, y usted perdería gran parte de su inversión, así de simple.

El ser humano tiene una gran capacidad de adaptación, y estamos seguros de que esta vez, como siempre lo ha hecho, la mayoría sobrevivirá y vencerá. El gran desafío que es mantener la sanidad y el optimismo en estos tiempos de cambios drásticos y súbitos, es nuestro gran reto.

Es de suma importancia tener en cuenta los cambios de tecnología y *software* a la hora de tomar decisiones de inversión y de carreras. Veamos otro ejemplo: en EE.UU. muchos jóvenes abogados están teniendo grandes dificultades para conseguir empleos, la causa es Watson de IBM y LegalZoom. Estas aplicaciones ofrecen consejería legal (para los asuntos legales comunes) con un grado de rigor y efectividad de un 90%, comparado con un grado de 70% cuando el proceso es hecho por un abogado de carne y hueso, por esta razón a la hora de elegir carreras y endeudarse es importante tener en cuenta cuáles son las que se están tornando obsoletas y cuáles las ascendentes y con más demanda en el futuro cercano.

Este es el listado de las carreras con más futuro, elaborado por el Departamento de Trabajo de los EE. UU.:

- Enfermería
- Director de operaciones
- Desarrollador de aplicaciones de *software*
- Especialistas en medicina y cirugía
- Auditores técnicos y contables
- Consultores de dirección
- Analistas de sistemas y programadores
- Profesor de educación infantil
- Carpinteros
- Abogados especialistas
- Jefes de administración
- Desarrolladores de *software*
- Analista de investigación de mercado/Especialistas en *marketing*
- Capataz de obra
- Auxiliar de enfermería
- Conductor de camión
- Trabajadores contables
- Representantes de ventas
- Doctores
- Ingenieros
- Técnicos de obras civiles

Si bien, el listado se ajusta al mercado norteamericano, es muy cercano a las realidades europeas y de muchos otros países, claro está, con algunas excepciones. Según mis cálculos, el 50% de las profesiones con más demandas para el 2039, aún no se han inventado.

En mi opinión, si una persona escoge una de las profesiones antes citadas y se especializa en ella, sus posibilidades de éxito crecerían exponencialmente. Después de estudiar varios listados y consultar con especialistas, estas son las carreras que recomiendo:

- Desarrollo de software
- Enfermería
- Administración de empresas
- Ingeniería:
    - Electrónica
    - Biomédica
    - Mecánica
    - Informática
- Electromecánica y automatización
- Robótica
- Minas-Industria
- Telecomunicaciones
- Agroalimentaria y medio rural
- Expertos en medioambiente
- Relaciones laborales y recursos humanos (caza talentos)
- Comercio y mercado (*e-commerce*)
- Psicología y psicopedagogía
- Hotelería y turismo
- Medicina y biomecánica
- Biología, bioquímica y biotecnología
- Bodegueros y operadores de equipos (montacargas)
- Control de inventarios (*scanners*)
- Control de calidad
- Química farmacéutica
- Economía
- Estadística (analista de data)
- Comunicación, imagen y sonido
- Medicina, especialistas para administrar tratamientos subatómicos.
- Geología, finanzas y comercio internacional
- Analistas de sistemas y programadores

- Diseñador de juegos electrónicos
- Diseñador de experiencias de realidad virtual
- Piloto remoto de drones
- YouTuber (personalidad de YouTube o creador de contenido de YouTube)
- Vloggers (palabra compuesta entre blogger y video)
- Bloguero
- Creador de contenidos
- Instructor (online) con enseñanza digital usando plataformas como «Tutelas» o «Udemy»
- Instagrammer (profesionales de Instagram)
- Jugador de video juegos profesional (deportistas electrónicos)
- Gestor de comunidades digitales (más conocido por la expresión en inglés *community manager*) se encargaránde las redes sociales y páginas web de las empresas y compañías.
- Restauradores (personas que restauran obras de arte u objetos valiosos)

Esta lista es caudalosa, pero —como menciono al principio— la mayoría de los empleos para el 2039 todavía no se han inventado, las oportunidades profesionales van a ser, y son ya, cuantiosas. Si usted estudia y se prepara bien para estas profesiones y se presenta como voluntario en dichos campos, para así aprender en la práctica y crear contactos que luego le faciliten emplearse, tendrá la profesión soñada.

No quiero dejar de señalar con gran énfasis la importancia que tiene el vincularse al campo que se desee con trabajo voluntario, o una pasantía, tal vez con alguna gratificación. Lo importante es vincularse y aprender desde adentro, ya que la práctica es el criterio valorativo de la verdad.

Es importante estudiar las tendencias de las industrias en las cuales uno piensa invertir tiempo, esfuerzo personal y recursos económicos. Si la industria o profesión son fácilmente automatizables o con tendencia a ser sustituidos por otros servicios más eficientes en otras regiones del planeta, no lo haga, no invierta sus recursos en ello.

Hay que evitar especializarse en profesiones que sean aburridas, sucias (deberes ocupacionales difíciles, extraños, desagradables o desordenados) o peligrosas, pues esas serán las primeras en ser robotizadas. Esta es una lista de profesiones que, los expertos y conocedores del tema, recomendamos mantener alejadas y no invertir esfuerzos en ellas.

- Agentes de hipotecas
- Agentes de viajes
- Abogados primarios
- Limpiadores de alfombras
- Contadores, auditores.
- Locutores de radio y DJ
- Procesadores de datos (*data entry clerks*)
- Recepcionista de hoteles
- Cajeros de tiendas minoristas
- Vendedores de tiendas minoristas.

Estas no son, ni remotamente, todas las profesiones con tendencia a decrecer o desaparecer. Reitero, hay que estudiar y analizar con cuidado en qué campo y profesión nos vamos a especializar. Hay que apostarles a las profesiones del futuro que coinciden con las que hay que usar el intelecto, la inventiva, la iniciativa, el sentido común y la creatividad, y discriminar a las que van de caída libre.

Tecnologías a observar para esta década:

- Petróleo y gas
- Redes inteligentes
- Tecnologías eólicas y solares
- Biofarmacéuticas. Nuevas vacunas y drogas
- Sistemas defensivos marítimos y radar
- Autos híbridos y eléctricos
- Control de la alimentación
- Dispositivos controlados mediante computación digital de última generación para controlar herramientas y maquinaria en las fábricas.
- Infraestructura espacial y de exploración
- Caucho sintético
- Tierras raras (materia prima especial) y bastante escasa
- Computación cuántica
- Redes de comunicación de banda ancha de última generación
- Defensa espacial y guerra electrónica, con o sin radares

1

Nuestra capacidad de adaptación

Esta obra intenta explicar cómo el poder de adaptabilidad del ser humano, y sobre todo de su cerebro con su neuroplasticidad, le permite hacer los cambios y adaptarse a ellos. Desde la vida en la cálida región selvática del Amazonas, hasta los frígidos inviernos siberianos; del seco desierto de Atacama, a los mayores humedales de Bangladesh; el ser humano siempre se adapta y triunfa, y esta vez no va a ser diferente. Si logramos adaptarnos a la vida en diferentes climas y regiones, también nos vamos a adaptar a la velocidad de los cambios, sobre todo los más jóvenes que lo harán rápidamente, pero ¿y qué sucederá con los mayores? ¡Pues a disfrutar de este nuevo mundo que no es nada aburrido! Nos podrá preocupar y darnos ansiedad, pero que no quepa la menor duda: ¡vamos a vencer!

Veamos ahora lo que piensa el dalái lama sobre los efectos que tiene el poder de la mente para esculpir la materia gris del cerebro. A pesar de que la ciencia y la religión casi siempre están en conflicto, el líder de los budistas tibetanos invita a un grupo de científicos a su casa en Dharamsala, al norte de la India, para investigar cómo el budismo puede contribuir con sus trabajos investigativos.

En el 2004 el tema era la neuroplasticidad, la habilidad que tiene el cerebro de cambiar su estructura y función en respuesta a una experiencia. Viendo una cirugía del cerebro en un hospital docente en EE. UU. el dalái lama preguntó si la mente podía cambiar la materia gris. En el siglo pasado se explicaba que el pensamiento era el resultado de cambios químicos y eléctricos en el cerebro: cuando los impulsos eléctricos viajan por la corteza visual, entonces vemos; cuando los neuroquímicos viajan por el sistema límbico, sentimos; etc. El dalái lama decía: ¿tal vez esto también funcione al revés?

Aparte del cerebro dar pensamientos, creencias, esperanzas y emociones, lo que llamamos la mente tal vez actúe sobre el cerebro y cause cambios físicos en el mismo. En otras palabras, el pensamiento puro puede cambiar la actividad del cerebro, sus circuitos, y hasta su estructura.

Estas afirmaciones dieron comienzo a una revolución emergente en la investigación de la ciencia sobre el cerebro. Ya en la última década del siglo pasado se desechó por completo el dogma sobre que el cerebro humano no cambia; al contrario, se ha probado que la actividad y estructura se adapta y cambia en respuesta a la experiencia. A esta habilidad se le llama *neuroplasticidad* (véase imagen 1.1). La neuroplasticidad permite a las neuronas regenerarse, tanto anatómica como funcionalmente, y formar nuevas conexiones sinápticas. La plasticidad neuronal representa la facultad del cerebro para recuperarse y reestructurarse (Bajo, 23 de febrero de 2018).

Esto es un gran recurso mental que cada día usamos más, es la **atención consciente** o *mindfulness,* que no es más que estar aquí y en el ahora, usar tu energía mental para vivir, entender y disfrutar el presente y no tener la mente constantemente preocupada por el futuro o el pasado (véase imagen 1.2).

La atención consciente es presencia consciente y aceptación, también se le llama atención plena, y se trata de alcanzar un profundo estado de conciencia y presencia en el aquí y en el ahora. Según el gran motivador y escritor Ismael Cala: «Vivimos en el modo "piloto automático" ocupándonos de nuestros asuntos con muy poca conciencia de los detalles de nuestra experiencia del momento, mucho menos ni siquiera de las intenciones que motivan nuestras acciones». (Cala, 19 de marzo de 2018; Bajo, 23 de febrero de 2018).

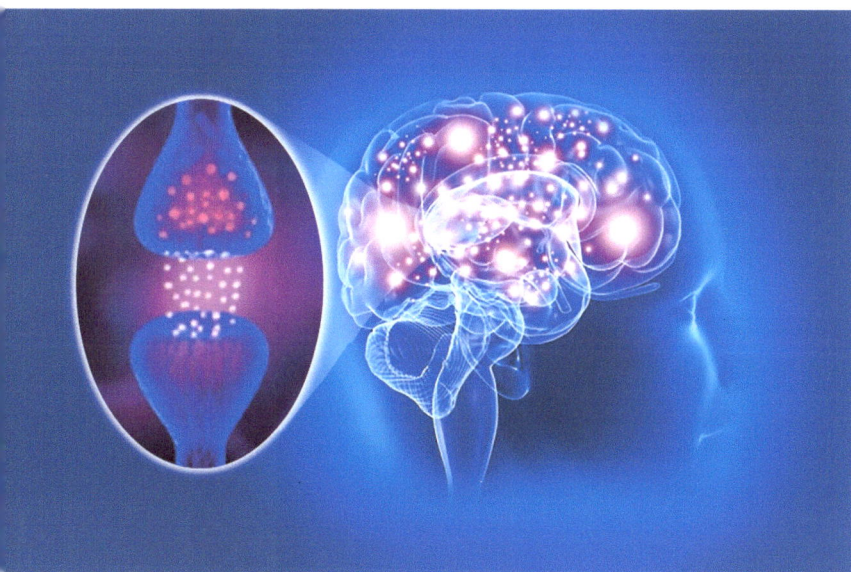

Imagen 1.1. Neuroplasticidad. Un reto a nuestro alcance

Mediante la atención consciente es posible transformar cualquier momento en el que podríamos sentirnos una víctima de las situaciones, en un instante de sinceridad, proactividad y confianza. Prestar atención total a la realidad ayuda a lograr el equilibrio interno y la armonía del cuerpo, mente y espíritu; muy necesario para enfrentar un mundo tan volátil y cambiante como el de hoy.

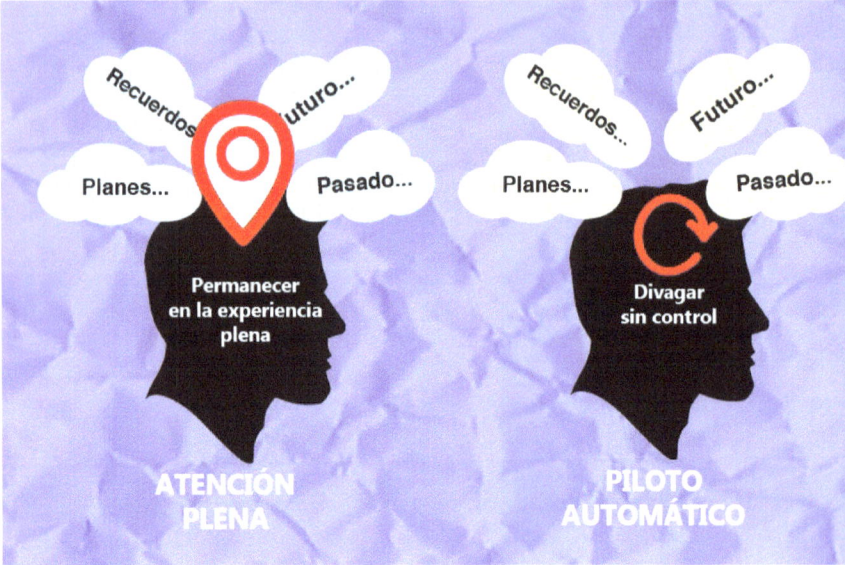

Imagen 1.2. *Mindfulness* versus piloto automático

Es muy importante el uso de esta herramienta para mejorar nuestra calidad de vida, y dar el espacio necesario al silencio, a la emoción y a la serenidad para encontrar la paz interna, y estar mejor preparados sociológicamente para comprender y adaptarnos a este nuevo mundo. Esta nueva actitud nos debe dar un nuevo sentido de la vida.

2

Velocidad del cambio y algunas consecuencias

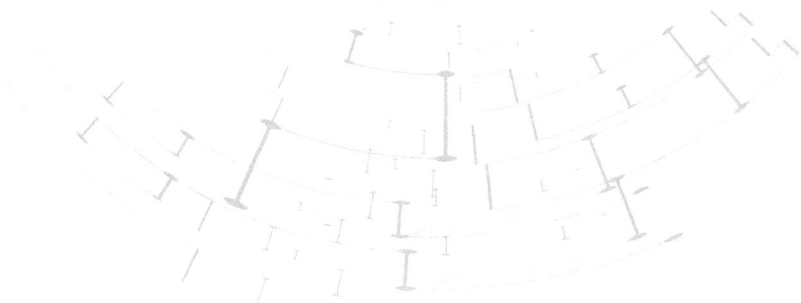

uando hablamos de equipos o instrumentos tecnológicos, como los teléfonos inteligentes, se considera que estos objetos o aparatos se clasifican como antigüedades cuando tienen más de veinte años. Estos son equipos u objetos que han sido reemplazados por otros más modernos. Por lo tanto, una antigüedad tecnológica no sigue la definición tradicional que se aplica a los objetos decorativos construidos en tiempos pasados, como obras de arte y muebles, por citar algunos ejemplos, en esta clase de objetos, para considerarse antigüedad, deben tener, como mínimo, cien años (Morris, 26 de octubre de 2010).

En un lugar privilegiado, el Museo de Ciencias de Londres, está en exhibición el «IBM Simon», el primer teléfono inteligente del mundo (véase imagen 2.1). El IBM Simon era un *Personal Digital Assistant* (PDA) o un Asistente Personal Digital (APD) que es un teléfono portátil con pantalla táctil diseñado por la International Business Machines (IBM) y fabricado por Mitsubishi Electric. BellSouth Cellular Corporation distribuyó el comunicador personal Simon en los EE. UU. entre

Imagen 2.1. Teléfono Inteligente IBM Simon

agosto de 1994 y febrero de 1995, vendiendo 50 000 unidades. El Simon Comunicador Personal fue el primer PDA en incluir funciones de telefonía, cuya batería duraba solamente una hora de uso. Subsecuentemente se empezaron a producir con más frecuencia los teléfonos con tapas (Flip Phones) volviéndose más y más delgados, lo que llevó a Simon a su desaparición (Yong, 2017; AAmoth, 18 de agosto de 2014).

Este fósil tecnológico nos da una pista sobre la velocidad de la revolución tecnológica, pero también de la velocidad de adaptación que debemos tener para los cambios tan radicales en la forma de relacionarnos tras la aparición de la Internet y los teléfonos inteligentes (*smartphones*). De hecho, la psicóloga Silvia Olmedo en su libro *Detox Emocional: cómo sacar todo aquello que está acabando con tu felicidad*, dice: «No exagero, las pantallas han cambiado la manera como socializamos; ya pasamos más tiempo en línea que durmiendo. Este mundo ha impactado radicalmente en la forma de sentir, de comunicarnos, de vivir la sexualidad y en la intensidad de nuestros recuerdos» (Olmedo, 2016).

Estos son los comentarios y quejas que hoy enfrentan muchos psicólogos:

- Mi hija está deprimida porque su amiga la bloqueo en Facebook.
- Somos la última generación que escuchamos a nuestros padres.
- Nunca se han visto y están enamoradísimos.
- Se vengó y puso las fotos de su expareja desnuda en la red.
- Ya le iban a dar el trabajo, pero vieron sus fotos en Facebook y lo sacaron del proceso de selección.

Es difícil lidiar con el crecimiento tecnológico, dado que va más rápido que nuestro desarrollo emocional. En los últimos diez años se ha producido más información digital que en toda la historia de la humanidad, por eso es muy importante ser selectivos a la hora de escoger qué contenido dejas entrar en tu cerebro, pues es tanto, bueno o tóxico, que no queda de otra que ser exquisitamente selectivo a la hora de decidir lo que lees o miras en las redes sociales.

Toma lo que te enriquece y descarta lo que empobrece, así serás de los que triunfen y se adapten bien en este futuro, presente e inmediato. El ser humano se está adaptando a los cambios usando su gran potencial mental, que poco a poco vamos descubriendo e incrementando. Se sabe que usamos activamente una parte de nuestra capacidad mental; solo en momentos desesperados el cerebro nos demuestra lo que es capaz de hacer. Veamos algunos ejemplos: la mano que, al tocar una superficie con altas temperaturas, se retira, por un reflejo primario, sin que la señal llegue a pasar por el cerebro.

El reflejo fulminante que va solo a la médula espinal te ahorra el milisegundo que te puede salvar la mano o la vida en unos instantes; una madre es capaz de levantar un vehículo que aplasta a su crío (gracias al shock de adrenalina) y salvarle la vida (como una hormiga que levanta cien veces su peso). Estas cosas demuestran la gran capacidad (por ahora en reserva), que tenemos física y mentalmente, y que sin duda vamos a desarrollar para adaptarnos a los rápidos cambios que están sucediendo mientras leemos estas líneas.

Uno de los propósitos de este libro es ayudar a entender los cambios tecnológicos que están sucediendo y su velocidad, para así crear conciencia de lo que está pasando en nuestro entorno y ayudar a descubrir y desarrollar la gran capacidad del ser humano de adaptarse y sobrevivir.

Lo hemos hecho por cientos de miles de años y estoy seguro de que ahorita, no vamos a detenernos —¡amén!—. Es necesario enfatizar que no solo se debe poner atención a la dirección de los cambios, sino a la gran velocidad con que ellos ocurren para evitar el efecto del camarón: «Camarón que se duerme, se lo lleva la corriente».

Nos tenemos que concientizar, hasta la médula de nuestros

huesos, que estamos viviendo una época tremendamente interesante, y que nuestro futuro depende más que nunca de nuestra comprensión de los cambios sociales y tecnológicos. Hoy más que nunca se cumplen los postulados de Darwin: «si no nos adaptamos, perecemos».

2.1. Robótica

El aumento de la productividad hoy y en el futuro se está logrando con grandes y, sobre todo, pequeños inventos y mejoras en la técnica de hacer las cosas. Mi esposa, Margarita González, presidente y CFO de AccuBANKER, siempre menciona que los gastos que más hay que cuidar son los pequeños, pues los grandes —por ser tan obvios— uno los maneja y les pone mucha atención. Son los gastos pequeños como mano de obra temporal, avituallamiento para la oficina, caja chica, etc. en los que se escapa el dinero y los recursos.

Pues, al igual que los gastos, el mejoramiento de la productividad en el mundo se logra más con pequeños inventos e innovaciones que con los grandes, tal como el robot que coloca una gran pieza en una línea de producción de automóviles, un auto que se mueve sin conductor, el ingeniero industrial que reorganiza la línea de producción y reduce con esto el tiempo y el costo de la producción, el pequeño taladro que hace un trabajo más rápido que un simple atornillador, etc. Estas pequeñas acciones y técnicas están cambiando la humanidad todos los días de nuestras vidas y apenas las sentimos.

Las ventajas:
- Mejores productos.
- Mejores servicios con precios más accesibles.

Las desventajas inmediatas:
- La sustitución de la mano de obra.
- El reajuste en el campo laboral.

Estos son algunos de nuestros nuevos retos y desafíos. En

realidad, siempre es así, en la vida, uno y la sociedad tienen que hacer pequeños y muchas veces grandes reajustes. El bienestar, y a veces la supervivencia misma, depende de ello.

Según su arquitectura los robots se clasifican en poliarticulados, móviles, androides, zoomórficos e híbridos (Techno Inventos, 17 de abril de 2018). Ya la robótica es parte de nuestras vidas, mientras escribo este libro, una máquina friega los platos y trastes de cocina, otra enfría el aire de la casa a una temperatura preprogramada y un robot limpia el piso, y solo estamos comenzando.

SoFi – El pez robótico suave

El Instituto Tecnológico de Massachusetts (MIT) ha desarrollado un pez robot, su nombre es SoFi y mide aproximadamente un pie (30.48 cm). Este pez robótico es capaz de sumergirse y nadar como si fuese un pez normal. Está equipado con cámaras de alta definición y otros sensores que le dan la capacidad de mirar y captar una gran cantidad de información que luego es capturada y analizada por sus operadores. Su uso dará información vital para investigaciones científicas de los océanos, mares, lagos, y claro, también para su uso militar (véase imagen 2.2).

Imagen 2.2. SoFi El pez robótico suave

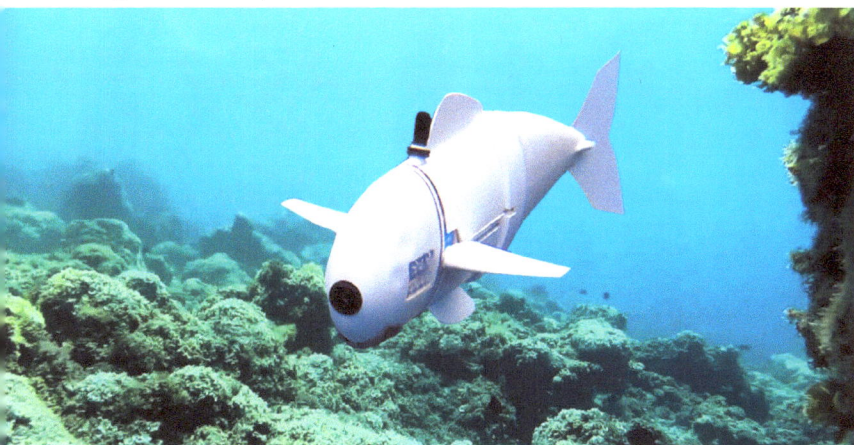

Este «animal artificial» es guiado por control remoto o previamente programado a través de un panel eléctrico. La presencia de SoFi en los mares no disturba a otros animales y es aceptado como un ser más, lo que le permite captar una situación más «normal» (Vincent, 21 de marzo de 2018).

Sophia — El robot humanoide social

Además de SoFi, el pez robótico suave, tenemos a Sophia, que está clasificada como un robot humanoide social. Sophia fue desarrollada por Hanson Robotics, una empresa tecnológica con sede en Hong Kong. Sophia fue activada el 19 de abril de 2015 (Mallonee, 29 de marzo de 2018). El robot hizo su primera aparición pública en el Festival Musical South by Southwest (SXSW) a mediados de marzo de 2016 en Austin, Texas, Estados Unidos (Raymundo, 17 de marzo de 2016). De acuerdo al creador, David Hanson, Sophia fue creada con la imagen de la actriz Audrey Hepburn, y utiliza inteligencia artificial (IA), procesamiento de datos visuales, reconocimiento facial y reconocimiento de voz. Sophia también es capaz de mostrar más de 62 expresiones faciales (véase imagen 2.3).

Imagen 2.3. Sophia El robot humanoide social

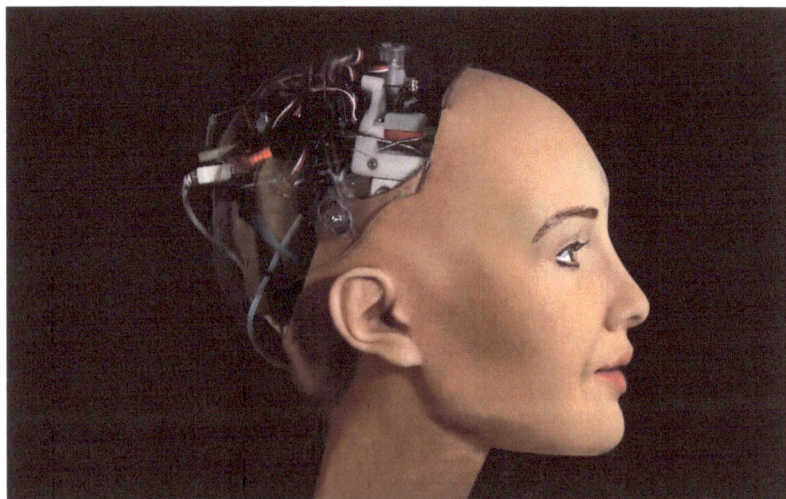

Sophia ha sido cubierta por los medios de comunicación en todo el mundo y ha participado en muchas entrevistas de alto perfil. En octubre de 2017, Sophia se convirtió en una ciudadana de Arabia Saudita, es el primer robot en recibir la ciudadanía de cualquier país (Browne, 5 de diciembre de 2017). En noviembre de 2017, Sophia fue nombrada la primera Campeona de Innovación del Programa de Desarrollo de las Naciones Unidas, y es la primera persona no humana en recibir un título de las Naciones Unidas (UNDP, 22 de noviembre de 2017).

Siendo la robótica una rama de la ingeniería mecatrónica, de la eléctrica, la electrónica, la mecánica, la biomédica y de las ciencias de la computación, por su naturaleza combina múltiples disciplinas como la física, ingeniería de control, inteligencia artificial, matemáticas, la animatrónica y las máquinas de estados.

La primera descripción sobre un autómata, de la que tengamos información, es el texto que aparece de Lié Zi en un encuentro entre el rey Mu de Zhou (1023-957 a.C.) y un ingeniero mecánico conocido como Yan Shi, este último presenta al rey una figura de tamaño natural y humana de su obra mecánica en la antigua China (Qvad Historia, 10 de septiembre de 2019). Como vemos, la robótica no es tan nueva como piensan muchas personas, esto viene procesándose, que se sepa, alrededor de mil años antes de Cristo.

2.2. Medicina del futuro

El bienestar y la calidad de vida de los seres humanos se están incrementando exponencialmente con el avance del conocimiento y las ciencias médicas. Cada día se desarrollan mejores técnicas para enfrentar enfermedades y reparar tejidos y órganos dañados, ya sea por accidentes o por enfermedades (véase imagen 2.4).

Las mejoras en los tratamientos y los implantes están revolucionando la medicina tradicional, ya hay implantes de casi todos los órganos. Se están haciendo implantes de caras completas

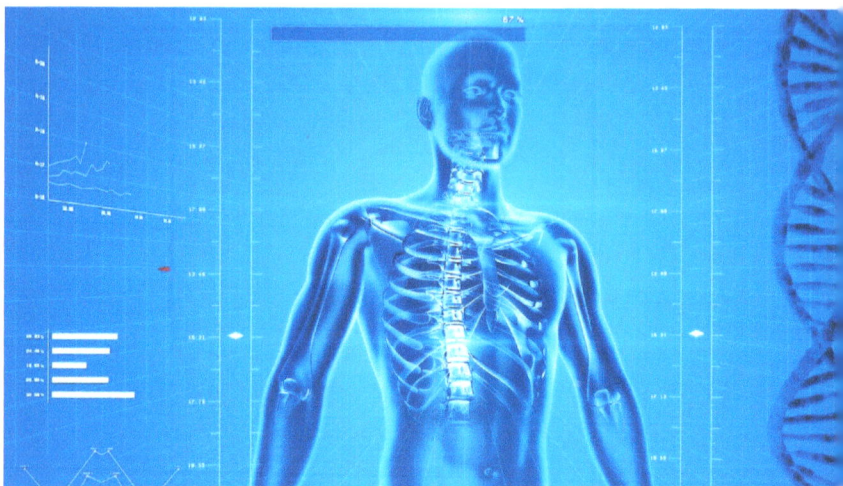
Imagen 2.4. Medicina del futuro

y se habla de cabezas en un futuro cercano. Para las operaciones de corazón abierto —que son traumáticas para el paciente, por lo invasivas, dolorosas y propensas a las infecciones— ya está en pleno uso el robot cirujano «Da Vinci». Este robot tiene cuatro brazos, uno con una cámara de alta definición e iluminación y los otros tres haciendo cirugías de precisión que, por ser de incisiones muy pequeñas, el trauma es mucho menor. Esta tecnología disminuye los errores humanos y las probabilidades de infecciones (véase imagen 2.5).

Ya hay más de mil unidades de estos robots cirujanos en todo el mundo y en un futuro cercano habrá muchos más, con capacidad de operar a nivel microscópico vasos sanguíneos, nervios y tejidos, que hoy por hoy son imposibles de efectuar.

En el futuro cercano, las cirugías serán menos invasivas y como los robots no se cansan, ni les tiemblan los brazos ni las manos, pues serán mucho más precisas y efectivas que hoy.

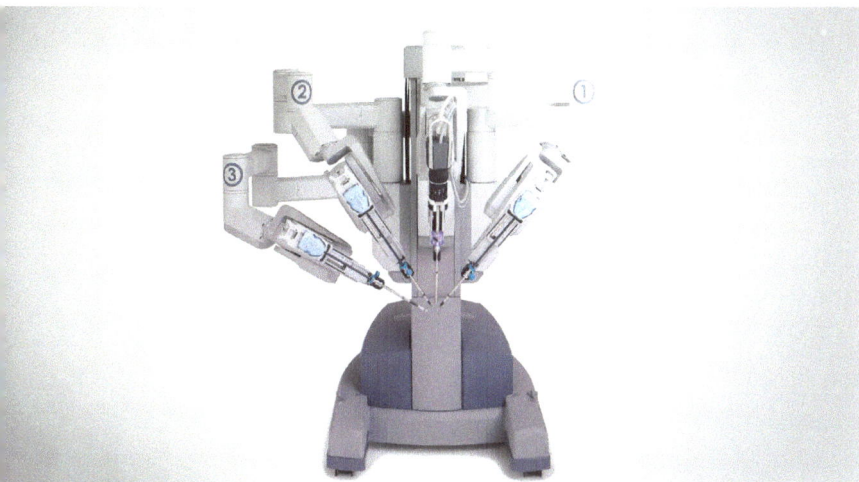

Imagen 2.5. Cirugía robótica Da Vinci

2.3. Inmunoterapia

También denominada terapia biológica, es un tipo de tratamiento que estimula las defensas naturales del cuerpo a fin de combatir el cáncer o cualquier otra enfermedad. La misma utiliza sustancias producidas por el cuerpo o fabricadas en un laboratorio para mejorar o restaurar las funciones del sistema inmunitario que es «combatir las enfermedades a nivel celular» (véase imagen 2.6).

Imagen 2.6. La inmunoterapia amplía las opciones de tratamiento para el cáncer

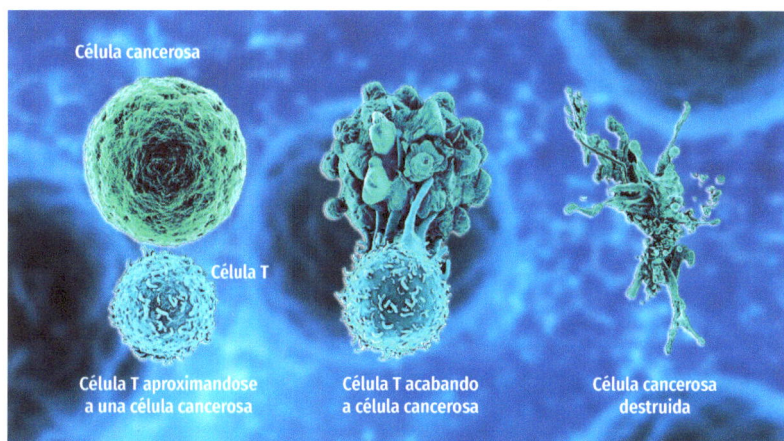

Considerados los padres de la inmunoterapia se encuentran el norteamericano James P. Allison, profesor de la Universidad de Texas, y Tasuku Honjo, profesor de la Universidad de Kioto, Japón; investigadores galardonados con el Premio Nobel de Medicina el primero de octubre de 2018.

James P. Allison, nacido en Alice, Texas, en 1948, es un investigador del Centro Oncológico MD Anderson de la Universidad de Texas. Las investigaciones de Allison se enfocan en el estudio de la proteína CTLA-4. Esta proteína se considera un freno (*checkpoint*) que limita la acción de identificación y combate a determinadas células por parte de los linfocitos T, que son células fundamentales del sistema inmunitario.

Aunque ya se conocía la proteína CTLA-4, el trabajo de Allison permitió descubrir el potencial que tenía para combatir tumores cancerosos. En 1994, Allison plasmó sus ideas en el desarrollo de anticuerpos cuya labor fuera inhibir esta proteína. Las investigaciones de Allison permitieron el desarrollo del «Ipilimumab», el primer fármaco oncológico desarrollado específicamente para combatir el melanoma metastásico.

El inmunólogo molecular y químico japonés Tasuku Honjo, nacido en 1942 en Kioto, es un profesor en la Universidad de Kioto. El profesor Honjo, en 1992, identificó la proteína PD-1, que es una de las moléculas del sistema inmunológico, conocidas como checkpoint (punto de control). Estas proteínas, como el CTLA-4, se consideran otro freno del actuar de los linfocitos T, aunque con otro mecanismo (véase imagen 2.7). Los tratamientos basados en ese descubrimiento, los inhibidores de checkpoint o punto de control, se emplean ahora con éxito en varios tipos de cánceres

Fundamentalmente, cuando se impide la acción de estas proteínas se liberan estos «frenos» del sistema inmunitario y las células T pueden eliminar mejor las células cancerosas. Las proteínas

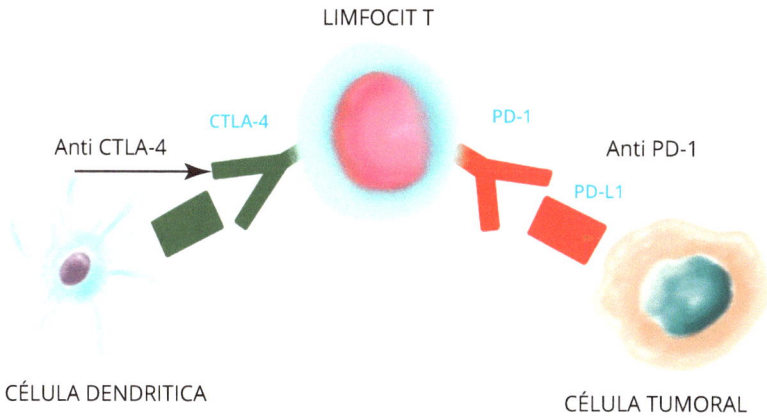

Imagen 2.7. CTLA-4 and PD-1 Anticuerpo monoclonal (checkpoints)

PD-1 y CTLA-4 son ejemplos de *checkpoints* o de puntos de control que están presentes en las células T o en las células cancerosas (Instituto Nacional del Cáncer (NIH), n.d.).

El desarrollo de este concepto ha logrado un nuevo tratamiento oncológico, la inmunoterapia. Aparentemente, la ciencia ha comenzado a descubrir cómo utilizar nuestras propias defensas «estimuladas» para combatir el cáncer y otras muchas enfermedades (Salud, 1 de octubre de 2018; Wikinoticias, 1 de octubre de 2018).

Ya la Administración Nacional de Medicamentos, Alimentos y Tecnología Médica (ANMAT) de la Unión Americana, aprobó tratar con tecnología de inmunoterapia a los pacientes de cáncer de pulmón, mama, melanoma, cerebro y riñones, estando en curso de investigación para muchos otros tipos de cáncer. Todo indica que esta clase de medicina será trascendental en el futuro inmediato y se convertirá en una herramienta eficaz para mejorar y prolongar nuestras vidas.

2.4. Medicina genética. La manipulación genética del ADN

Por millones de años la estirpe humana ha padecido enfermedades hereditarias (de causa genética) como: cardiopatía hipertrófica —causa principal de muerte en los atletas jóvenes—, fibrosis quística, anemia de células falciformes, esclerosis múltiple, Alzheimer o la intolerancia al gluten.

Estas desgracias y padecimientos están llegando a su fin gracias a que un equipo de científicos —japoneses, chinos, alemanes, y de otras nacionalidades encabezados por el estadounidense Francis S. Collins— conocido por el nombre de Consorcio de PGH pudo completar el mapa del genoma humano en el año 2003. A partir de tan importante acontecimiento se empezaron a crear herramientas que hacen posible su utilización en embriones humanos, óvulos y espermatozoides, para eliminar los genes causantes de muchas taras y enfermedades hereditarias, así como detectarlas, prevenirlas y tratarlas.

La manipulación de los genes en las células reproductoras humanas y de otras especies es ya una realidad (véase imagen 2.8), no está de más afirmar que esta tecnología tiene fuertes implicaciones éticas y sociales.

Ya se está trabajando en el desarrollo del ganado bovino sin cuernos, para así evitar que nos dañen cuando los manipulemos (o a sus semejantes), también en el desarrollo de técnicas que eliminen (usando la ingeniería genética) toda una especie dañina para la humanidad como la mosca tse-tsé (*Glossina morsitans*) vector de los parásitos causantes de la enfermedad del sueño y originaria de África.

La tecnología conocida como CRISPR-CAS9, la cual trabaja como una especie de tijera o bisturí molecular, puede separar de forma selectiva las partes que no desea tener en el genoma,

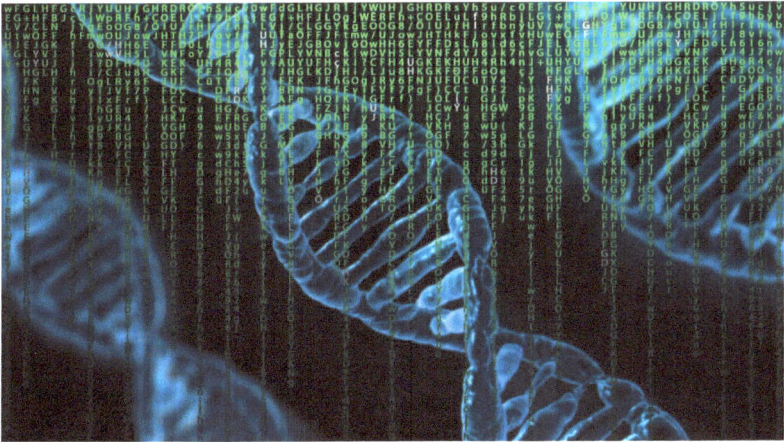

Imagen 2.8. La manipulación genética

reemplazándolas con nuevas partes de ADN, «esto abre la puerta a la posibilidad de corregir defectos congénitos antes del nacimiento de forma segura y eficaz», cita la Dra. Lucía Márquez-Martínez en *Genética médica news.*

Esta tecnología (CRISPR-CAS9) es muy económica y relativamente sencilla de implementar, por lo que ya hay varios miles de científicos en todo el mundo aplicándola en sus laboratorios y haciendo ensayos clínicos.

Ya se está intentando desarrollar nuevos antibióticos para enfrentar las infecciones superresistentes a los medicamentos de hoy, y estoy seguro de que —es cuestión de tiempo— pronto se elaborará toda una gama de antibióticos para combatir estos nuevos desafíos.

Este tipo de facilidad para implementar en la práctica estos nuevos conocimientos representa un gran reto a nuestra sociedad. Si esta tecnología, y su práctica, son reguladas y se aplican para la eliminación de enfermedades hereditarias, así como para la producción de mejores medicamentos y alimentos, el mejoramiento de nuestra calidad de vida es positivo y deseable.

Al mismo tiempo se están creando las condiciones para la creación de los «Bebés de diseñador», seres humanos modificados genéticamente de acuerdo con las características físicas que prefieren sus padres o, lo que es peor, el Estado.

La edición genética en humanos se ha convertido en uno de los grandes temas de debate en el campo de la bioética, no solo para la comunidad científica, sino para la sociedad en general. En la Unión Americana y otros países se han firmado acuerdos para prohibir esta práctica.

La situación es preocupante pues las investigaciones y los logros son muchos —y en muchos países al unísono— y siempre existe la posibilidad de que esta tecnología caiga en manos de personas o instituciones inescrupulosas, o con fines de lucro sin límites morales. ¡El reto es enorme, las posibilidades infinitas y tentadoras, los beneficios inmensos, el peligro latente! Esperamos que en las instituciones la cordura y la razón se impongan a la tentación y a la locura.

3

La vida sería demasiado trágica si no fuera divertida

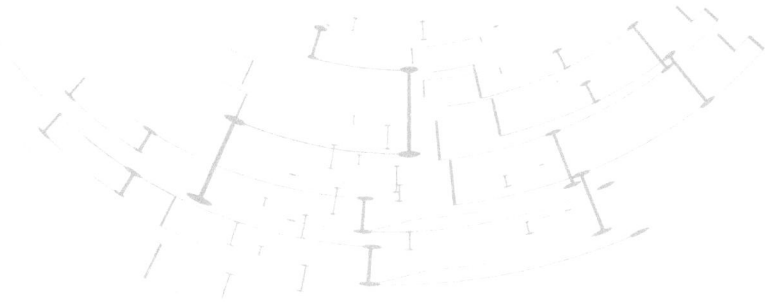

Así dijo el genio de la astrofísica, Stephen Hawking, y así lo debemos ver nosotros. En vez de resistirnos y sufrir los cambios, deberíamos entusiasmarnos con todas estas «mejoras tecnológicas» en todos los campos que, por supuesto, afectarán nuestra existencia, pero, sin duda, están mejorando la calidad de vida de billones de habitantes de nuestro planeta.

Veamos algunos ejemplos: ustedes se imaginan una situación más divertida que la expresión de las caras de Rodrigo de Triana y Cristóbal Colón, enterándose que a nosotros nos toma unas horas de vuelo ir de América a Europa cuando ellos tenían que sufrir las tempestades, el aburrimiento de la «calma chicha», y la escasez de tres meses de navegación. ¿Cuánto tiempo les tomará a nuestros nietos ese mismo viaje? ¡Es muy probable que menos de una hora!

De la misma manera, otro gran adelanto: la llegada del gas a los hogares —que abarató y facilitó el uso de la energía para cocinar, secar la ropa y calentar el agua y al mismo hogar— trajo consigo algunas desventajas como explosiones o intoxicaciones, pero esto pasa con casi todos los grandes adelantos; la electricidad, por ejemplo, llegó con grandes beneficios y algunos problemas. Lo que debemos hacer es aprender y encontrar las medidas para evitar los daños. Hoy a nadie se le ocurriría una campaña en contra del uso del gas o la electricidad con todas las comodidades y avances que esto representa.

Pues así mismo debemos mirar el mundo digital que ya está establecido entre nosotros, sus beneficios serán mucho mayores, incluso, de los que nos trajo el gas y la electricidad. Caminando por el *downtown* de Fort Worth, Texas, me encontré con el Distrito Histórico Nacional de los Stockyards, este se sigue viendo de la misma manera hoy, a como se veía hace cien años.

El hoy Texas Cowboy Hall of Fame era el lugar original donde se guardaban las mulas, *mule alley* o callejón de las mulas. En 1914 el Stockyards, fue designado como el mercado de mulos y caballos más grande en el mundo. Se vendían muchas miles de cabezas y su valor excedía los once millones de dólares de esa época, más que el presupuesto de muchos países, uno de cuatro mulos que se vendieron en la Primera Guerra Mundial se hizo en Fort Worth del 1914 al 1918, (véase imagen 3.1).

Imagen 3.1 El callejón de las mulas en Fort Worth Stockyyards

Con los avances de la Revolución Industrial toda esta industria ganadera se fue erosionando, cada día se dejaban de usar mulos para tirar de coches de carga y piezas de artillería. Los motores de combustión interna, y la producción en masa de vehículos de todo tipo, iban a darle la estocada final a esta otrora y poderosa industria. La producción de piensos, crianza, transporte y comercio de caballos y mulos era un gigante con pies de barro, tomó menos de cinco décadas en colapsar, y así les pasará a muchas de nuestras hoy «gigantescas» industrias.

Al ser hoy la dinámica de los cambios mucho más rápida, habrá industrias que se desplomen en mucho menos tiempo. Por ejemplo, cada día hay menos hogares con teléfonos fijos; la venta de estos ha caído estrepitosamente. Con el desarrollo del transporte público, en todas sus variantes, la venta de automóviles alcanzará su clímax pronto, y luego caerá como cayeron las ventas de mulos en el siglo pasado. La población usara cada día más Uber, Lyft, trenes de cercanías, trenes urbanos, autobuses eléctricos, drones, etc., sin necesidad de pagar estacionamientos, seguros, pagos mensuales (letras), combustible, etc. Esta tendencia ya ha comenzado, la cultura del automóvil está llegando a su fin. La globalización es un hecho concreto que viene progresando desde hace siglos cuando se inició el comercio de la sal y otros productos básicos, muy abundantes en unos lugares y escasos en otros.

Marco Polo empezó la ruta de la seda que unió Asia con Europa y África, y desde entonces —pasando por los Vikingos y Cristóbal Colon— el comercio, los contactos, y la información, no han dejado de fluir. Lo que sucede ahora es que estos vectores del cambio van mucho más raudos.

Hoy es muy común comer casava (yuca), en África; pan, en América; y patatas (papa), en Europa. El maíz es muy común en China, y así es el mundo de hoy, todo conectado y mezclado. No hay que molestarse, sino disfrutar de la abundancia y diversidad.

3.1. Nanotecnología

El uso eficiente de nuestros recursos nos obliga a reducir el consumo de energía, espacios y materiales en general. Hoy en día cuando visitamos un museo o vemos en películas el gran tamaño de las locomotoras a vapor y el uso masivo del carbón como energía contaminante para mover con gran aspaviento aquellos ruidosos dragones vomitando humo y fuego, y lo comparamos con los estilizados, silenciosos, y veloces trenes eléctricos de hoy, nos sentimos satisfechos.

Esto se logra gracias a una mentalidad nueva, de gran conciencia en el uso eficiente de la energía y protección del medioambiente que nos lleva a pensar en la miniaturización como la manera de lograr estos objetivos. Ya se hacen estudios y proyectos a escala atómica. Tanto en los procesos productivos como en nuestra vida diaria y sobre todo en equipos médicos como marcapasos para el corazón, la nanotecnología será el camino del futuro.

La nanotecnología es el estudio, diseño, creación, síntesis, manipulación y aplicación de materiales, aparatos y sistemas funcionales a través del control y la explotación de fenómenos y propiedades de la materia a nanoescala. La nanotecnología es una palabra que tiende a intimidarnos, pero, si miramos a nuestro alrededor, ella está en todas partes. La mayoría de las reacciones biológicas y químicas tienen lugar a nivel nano (véase imagen 3.2). Así funciona la naturaleza.

Un nanómetro es muy pequeño, es la billonésima parte de un metro. La nanociencia es uno de los desarrollos científicos más importantes y está bastante avanzada, gracias a la invención del primer microscopio de fuerza atómica que puede mostrar imágenes captadas desde el ambiente atómico. Esta ciencia tiene el potencial y está transformando la forma en que vivimos.

Los líderes políticos y universitarios de países desarrollados de todo el mundo están invirtiendo en la nanociencia y nanotecnología.

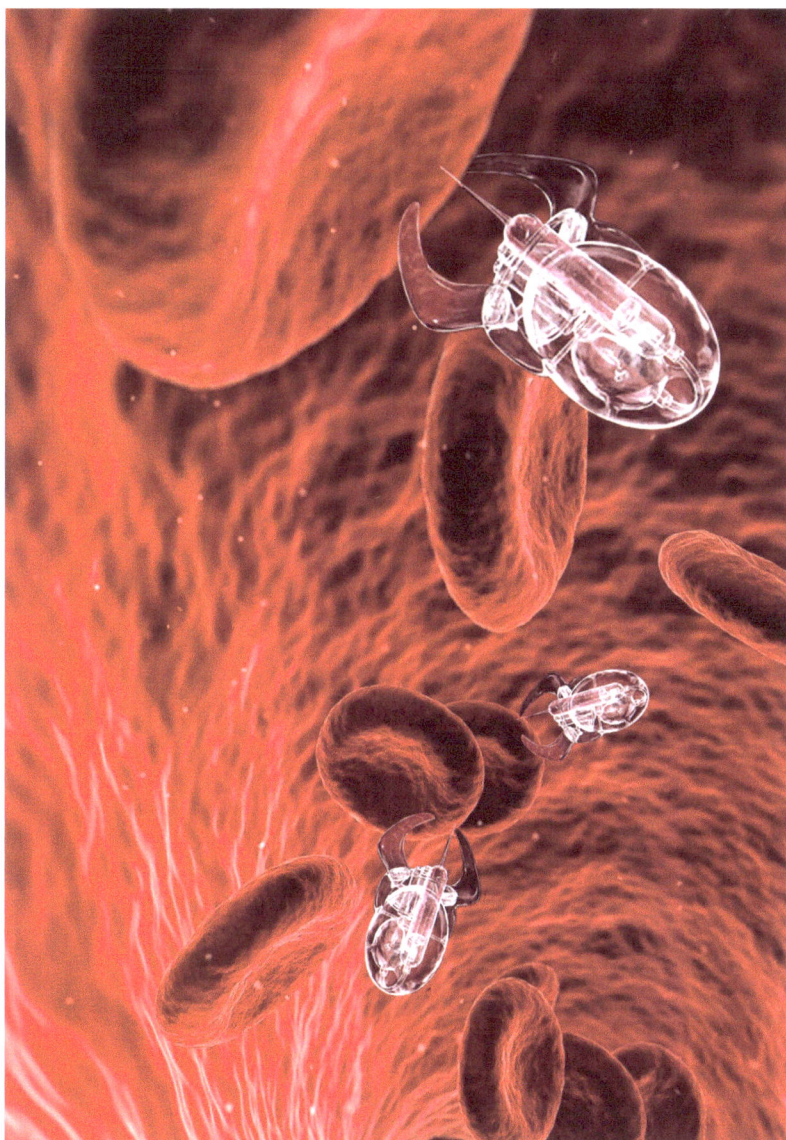

Imagen 3.2. Los impactos de la nanotecnología

Con el aumento de las inversiones, aumentan también los descubrimientos y nuevas aplicaciones de esta tecnología, como el invento de la caja mágica creada por el profesor de química Omar Yaghi de la Universidad de California-Berkeley (véase imagen 3.3).

Según el profesor Yaghi, la caja mágica es un sistema que funciona a temperatura ambiente con la luz del sol, y puede recoger agua en el desierto sin recibir un aporte de energía adicional. El objetivo de la caja mágica es absorber agua durante la noche y, a través del calentamiento solar durante el día, la libera, para condensarla y recolectarla. La caja mágica es un exitoso invento capaz de producir agua potable con una humedad muy baja y a un bajo costo. Es un producto sumamente valioso para personas que viven en zonas áridas donde hay escasez de agua (Yaghi, 21 de julio de 2018).

Quiero destacar que solo estamos en el umbral de los beneficios que el dominio o conocimiento profundo de esta inconmensurable fuente de nuevos inventos y aplicaciones nos van a proporcionar. Ninguno de los baremos con que se mide la calidad de vida toma en cuenta por ahora estos beneficios. Esta es una situación que cambiará muy pronto.

Imagen 3.3. La caja mágica del inventor Omar Yaghi

BENEFICIOS DE LA NANOTECNOLOGÍA

El uso de la nanotecnología molecular en los procesos de producción y fabricación podría resolver muchos de los problemas actuales, por ejemplo:

- La nanotecnología molecular podría fabricar equipos baratos y avanzados para la investigación médica, haciendo mucho mayor la disponibilidad de medicinas más avanzadas.
- La nanotecnología hará realidad la disminución en gran escala del impacto medioambiental de las actividades humanas.
- La nanotecnología ya está influyendo en la optimización de las baterías para almacenar energía eléctrica y a su vez permite el uso de la energía solar como fuente primaria y abundante de energía a un costo muy asequible.
- La nanotecnología se está aplicando al sector textil mejorando la textura, durabilidad y fortaleza de los tejidos.

Que no nos quepa la menor duda que la nanotecnología y nanociencia nos cambiarán y mejorarán nuestras vidas en estos próximos diez años de una manera tan grande que nos es difícil de imaginar hoy en día. Esta tecnología tocará y afectará casi todas las industrias, por ejemplo, textil, agrícola, transporte, construcción y sobre todo, la medicina. !Abróchense los cinturones que el viaje es veloz!

Es muy posible que, al usted leer este libro, algunas cifras y estadísticas ya sean obsoletas. En general, este hecho corroborará que la velocidad del cambio es tremendamente real y que lo que planteamos aquí no es una teoría infundada: el progreso es muy veloz e irrefrenable.

4

Los drones

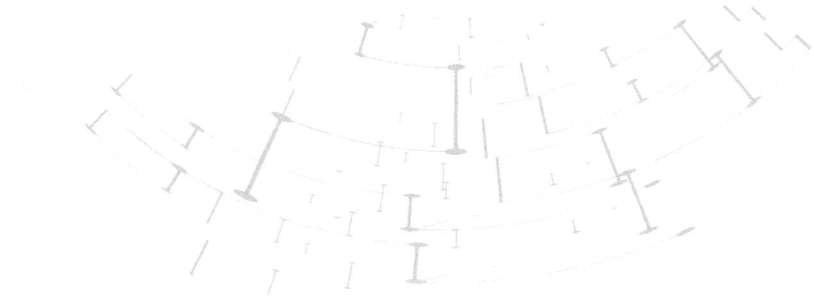

Un dron es un vehículo capaz de volar y de ser comandando a distancia sin que se requiera la participación de un piloto. Existen drones de todos los tamaños y orientados a finalidades distintas. Hoy en día hay drones que filman el territorio desde la altura y que son guiados mediante un programa instalado sobre una tableta o un teléfono inteligente.

Los drones se están instalando rápidamente en nuestras vidas, desde los juguetes voladores que fascinaban a nuestros niños y jóvenes, hasta los más efectivos y mortíferos drones militares capaces de espiar y destruir con su letal armamento las fuerzas enemigas. Estos vehículos voladores o acuáticos se están desarrollando con una rapidez asombrosa, cada vez tienen mayor autonomía, velocidad y capacidad de carga, son dirigidos por control remoto con gran efectividad.

El uso de drones por las fuerzas armadas y ejércitos del mundo se ha popularizado por sus significativas ventajas; por ejemplo, la posibilidad de evitar la muerte de un piloto en situaciones riesgosas de reconocimiento y combate; por otro lado, el dron se ve libre de limitaciones que le restringirían realizar determinadas maniobras. Hoy en día, un operador de la CIA en Virginia, EE. UU., controla un dron «caza terroristas» que se encuentra en un valle alejado e inhóspito en Afganistán, vigila o destruye al enemigo —si así se lo ordenan—, así de sencillo.

Los drones militares, como ya hemos mencionado, se utilizan para las misiones de reconocimiento —ya sea de las posiciones del enemigo en el campo de batalla o cómo es su armamento y el tamaño de sus tropas—; esto lo logran a través del uso de sus cámaras de alta definición. Estos artefactos pueden ser minúsculos o tan grandes como una avioneta, también tienen la capacidad de portar múltiples tipos de armamento, bombas, misiles, artillería, etc., capaces de destruir diferentes objetivos, según el caso.

Definitivamente, el uso de drones ha cambiado y revolucionado el modo «cómo se ejecuta la guerra moderna». Para distintas tareas, los drones pueden ser de múltiples tamaños, incluso, ya hay drones extraordinariamente pequeños y difíciles de observar. En el presente puede evidenciarse el uso cada vez mayor de estos elementos en lo que respecta a distintas acciones bélicas (véase imagen 4.1).

Imagen 4.1. Drones

Los drones también pueden utilizarse para diversos usos civiles, así es posible, gracias a los mismos, realizar grabaciones de videos que servirán para la elaboración de anuncios de bienes raíces, promoción de centros turísticos, realización de películas con tomas especiales, entre otras funcionalidades.

En muchos balnearios y playas del mundo se usan drones salvavidas capaces de llevar equipos de flotación a personas que no puedan nadar o sostenerse a flote, en menos de uno o dos minutos se le puede suministrar un salvavidas a una persona en dificultades, aunque esté a cincuenta o cien metros de la playa, evitando así muchas muertes por ahogamiento.

4.1. Logística

La compañía Amazon está usando drones para entrega de paquetería en lugares alejados y de difícil acceso, es ideal para entregar medicinas y primeros auxilios en lugares donde no hay caminos, por ejemplo, bolsas de sangre para transfusiones sanguíneas de emergencia e insulina para diabéticos. Las grandes ventajas de entrega de paqueterías, documentos, medicamentos, y otros artículos utilizando drones son obvias: no se necesitan puentes, caminos, ni aeropuertos, la entrega al consumidor es rápida y directa. Sus limitaciones son el rango de autonomía de vuelo y las condiciones climáticas. Cada día veremos más de estas naves volando en nuestro espacio aéreo.

4.2. Drones de transporte

La ciudad de Dubái, en los Emiratos Árabes Unidos, ha firmado un contrato con la fábrica china Ehang para el suministro de drones de pasaje, capaces de llevar un pasajero con una pequeña maleta; a la hora que se publique este libro estarán surcando los cielos de Arabia. Este hecho representa el inicio de esta modalidad en el mundo, para nuestras generaciones es fascinante pensar que

Imagen 4.2. Drones de transporte

uno pueda llamar a un dron para que lo lleve al aeropuerto en solo minutos (véase imagen 4.2).

4.3. Drones en la agricultura

Indonesia y otros países están fabricando y usando grandes drones, con gran autonomía y muchos sensores, para estudiar el estado de sus bosques y plantaciones. Con la data que recopilan pueden aplicar remedios a cultivos que necesitan fumigación, fertilización, irrigación, etc., el uso de drones facilita regar semillas en lugares de difícil acceso y realizar mapas para los agrónomos y agricultores (véase imagen 4.3).

4.4. Mercadeo

A la hora de preparar presentaciones de propiedades de lujo como hoteles 5 o 6 estrellas, clubs de golf, cruceros marítimos, etc., siempre se incluyen visitas de pájaros (aéreas) que se hacen con drones equipados con cámaras de alta definición. Una página web de bienes raíces incluye tomas aéreas para que el futuro comprador o usuario pueda apreciar a plenitud la propiedad.

4.5. Periodismo

Las tomas fotográficas y de videos desde las cámaras instaladas en drones hacen mucho más explícitas las noticias; pues el televidente o lector pueden ver claramente las imágenes, ya sea un accidente de tránsito, una escena del crimen o cualquier noticia de la que habla el periodista. El dron se ha convertido en arma imprescindible para el buen periodismo de hoy y del futuro.

Imagen 4.3. Drones en la agricultura

4.6. Catástrofes y situaciones de emergencia

Durante situaciones de emergencias —tales como terremotos o después del paso de ciclones— los drones pueden obtener imágenes muy necesarias para localizar personas y animales desaparecidos. Los drones grandes o minúsculos pueden ser dotados con cámaras infrarrojas que ayudan a encontrar seres vivos en edificios o estructuras colapsadas, proporcionándoles suministros médicos, alimentos, y otros elementos de primera necesidad.

4.7. Servicios médicos

El mundo se beneficia en términos médicos con el uso de los drones. Trasladar vacunas a zonas remotas del planeta, fumigar contra insectos, mosquitos, llevar equipos médicos —cómo desfibriladores cardiacos— a lugares donde se necesitan rápidamente —una embarcación a uno o más kilómetro de la costa, por ejemplo— o transportar sangre manteniendo la temperatura adecuada a través de un desierto, es posible hoy gracias a la utilización de estos artefactos.

4.8. Construcción

El uso de drones equipados con cámaras facilita el ensamblaje de piezas estructurales y le da al equipo de directores una imagen real del adelanto en las grandes edificaciones como represas o puentes. Las vistas que nos proporcionan son de gran importancia a la hora de reemplazar las grúas y andamios, en fin, para los ingenieros el poder examinar con vista de pájaro la obra en construcción, es de un valor extraordinario.

4.9. Vigilancia policial

Con una vigilancia aérea constante, con ayuda de cámaras en los edificios y drones, más la capacidad de revisar las imágenes capturadas y analizarlas, la policía, dispone de un poderoso instrumento para combatir el crimen y el terrorismo. Con cámaras y tecnología avanzada se producen los mapas en tercera dimensión, dándoles a los oficiales y directores una mejor idea del modus operandi en que tienen que actuar para capturar a los malhechores y resolver los crímenes.

4.10. Tránsito

El monitoreo del tráfico vehicular también es de gran relevancia para la toma de decisiones de los directores y responsables de optimizar este servicio. Los drones ofrecen, a través de sus cámaras, imágenes que ayudan al examen y revisión del tráfico, los accidentes y escenas del crimen. Todo esto puede ser cubierto por internet, usando Facebook+Google, en áreas remotas, dándole a las fuerzas policiales de seguridad una capacidad de cobertura que antes no tenían. Esta es la magia de la tecnología.

4.11. Drones veleros

Estas son embarcaciones en forma de tabla de windsurf capaces de navegar muchos kilómetros utilizando el sol y el viento como fuentes de energía, dirigidas a distancias o con rutas programadas y mantenidas con sistema de posicionamiento global (SPG) o *global positioning system* (GPS). Estas nuevas naves acuáticas están comenzando a surcar nuestros mares y océanos recolectando importante data sobre las condiciones climatológicas y de todo tipo, según los sensores con que estén equipadas. Esta tecnología permite a los científicos disponer de información fresca y privilegiada sobre grandes extensiones y cuerpos marítimos muy pocos estudiados.

Como conocemos, la mayor parte del planeta está cubierto de agua y esta resulta vital para la sustentación y el desarrollo de la vida humana. Los océanos son una fuente inmensa de alimentos, recursos energéticos y minerales, y es de suma importancia que estudiemos, recogiendo la mayor información posible, el estado en que se encuentran (véase imagen 4.4). Para lograr esto, las naciones desarrolladas han desplegado, hace muchas décadas, buques científicos que estudian el estado de contaminación, salinidad y poblaciones pesqueras, entre otros aspectos, de nuestros mares y océanos.

Con la ayuda de satélites, aeronaves especializadas y ahora una gran flota, se aumentará nuestra capacidad de estudiar y tomar medidas en tiempo real para corregir y mitigar cualquier problema que esté pasando en nuestros valiosos mares. Estos «drones veleros», equipados con paneles solares que generan electricidad para alimentar los dispositivos electrónicos, son capaces de recuperar su posición de navegación tras inclinarse al extremo o incluso volcar gracias a sus mecanismos de estabilización y al propio peso de la quilla.

Como hemos visto en este capítulo, son muchas las funciones y los campos en que los drones, tanto navales como aéreos, están cambiando y facilitándonos nuestras vidas y civilización.

Imagen 4.4. Drones veleros para la vigilancia

5

La inteligencia artificial

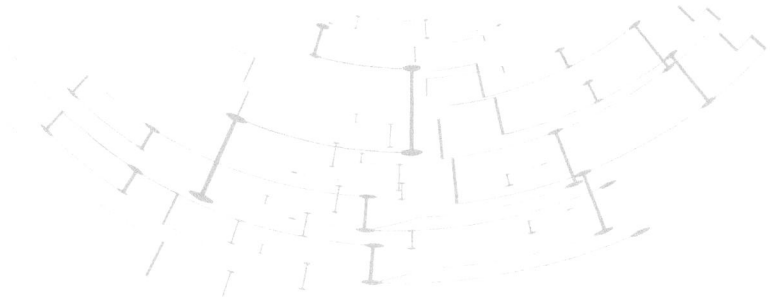

L a inteligencia artificial (IA) se utiliza hoy en día para múltiples funciones, ya sea cuando hablamos con Alexa, Siri, Cortana o Google Home —los modernos asistentes electrónicos— o cuando le damos marcha atrás a nuestro automóvil y nos avisa que hay un peligro con un sonido, o simplemente detiene el vehículo.

El desarrollo de la inteligencia artificial comenzó en 1950 cuando Alan Turing, un pionero de la computación, ideó el examen Turing, que en esencia es una prueba de la capacidad de una máquina para exhibir un comportamiento de inteligencia equivalente o indistinguible al de un humano. El examen de Turing requiere tres terminales de computadora localizados en diferentes habitaciones. Un terminal es operado por una computadora, y los otros dos están operados por humanos. Uno de los humanos funciona como un interrogador haciendo preguntas. Después de un tiempo preestablecido de preguntas, el interrogador tiene que decidir cuál de los encuestados era humano y cuál era una computadora (véase imagen 5.1).

Imagen 5.1. Examen de Turing- inteligencia artificial

Se calcula que para el 2030 el poder computacional de las máquinas tendrá mucha más capacidad que la del cerebro humano. La inteligencia artificial está presente en muchas tecnologías que nos afectan a diario, en ocasiones sin tener conciencia de ellas. Por ejemplo, en la banca, cuando depositamos cheques electrónicamente sin tener que hacer colas o líneas de media hora en el vestíbulo para ser atendido por un cajero en persona.

La inteligencia artificial también está en el teléfono móvil, cuando reconoce tus huellas dactilares o tu rostro y se activa. La observamos en las carreteras inteligentes, que portando un transpondedor te da paso —sin necesidad de hacer filas para pagar el peaje— y te permite continuar tu viaje sin demoras innecesarias. Cuando Pandora, el servicio de radio por internet, crea tu lista de canciones ideales, lo hace usando la data de su inteligencia artificial.

Igualmente, usamos inteligencia artificial (IA) cuando logramos evadir el congestionamiento vehicular en cualquier gran ciudad del mundo usando la aplicación de navegación y GPS llamada «WAZE» (véase imagen 5.2). Como podemos ver, usando estas tecnologías uno se está beneficiando de la inteligencia artificial y, a la vez, también la humanidad, pues el ahorro de energía y tiempo es muy grande.

Imagen 5.2. Waze-GPS aplicación social de tránsito

Muchos elementos del funcionamiento de las redes sociales están ligados a la inteligencia artificial, desde el reconocimiento facial, a los anuncios que se proyectan en tu sitio (muro) web. Sundar Pichai, CEO de Google, dijo que la inteligencia artificial es uno de los logros más significativos de la humanidad, y lo comparo con el invento de la electricidad o el descubrimiento del fuego por las implicaciones que tiene para el futuro del mundo. El señor Pichai señaló que tendría aplicaciones en la cura del cáncer o para resolver algunos de los retos derivados del cambio climático, también señaló que las máquinas podrían sustituir algunas profesiones y desplazar a millones de personas en el mercado laboral.

Yo pienso que en los próximos años habrá mejoras cruciales en la inteligencia artificial. La revolución más radical e impresionante estará aquí en los próximos quince años con los avances en la tecnología de aprendizaje profundo y reconocimiento de voz e imagen. Estas innovadoras tecnologías afectarán la manera como tratamos y curamos el cáncer y otras enfermedades, de qué manera manejamos los medios sociales y el mercado al menudeo; la inteligencia artificial cambiará cómo nos desplazamos de un lugar a otro, entre otros cambios que impactarán nuestras condiciones de vida.

Las máquinas inteligentes harán mucho más productivos a los trabajadores en más ocasiones que reemplazarlos. En muchos campos, la inteligencia artificial en su fase de aprendizaje profundo (*deep learning*) se está usando para mejorar y facilitar los procesos de análisis y soluciones de problemas. Un ejemplo clarísimo es la radiología. El análisis de imágenes médicas —como radiografías, resonancias magnéticas y otras— es muy factible que lo pueda realizar una «máquina inteligente» luego que se le «enseñen» las técnicas para detectar objetos como tumores, por ejemplo.

La habilidad de estas máquinas para ver pequeños cambios y características en las imágenes —que los doctores no pueden detectar por sus limitantes humanas—, hace que los diagnósticos en los pacientes con cáncer sean más precisos y aumente la posibilidad de tratarlos y curarlos. En el diagnóstico de neumonía, ya las máquinas con inteligencia artificial superan a los radiólogos en los análisis de imágenes de rayos X.

En realidad, no es para que los radiólogos se preocupen por las pérdidas de sus puestos de trabajo, es para facilitarles el mismo y acelerar el procesamiento de enormes cantidades de data. Las calculadoras electrónicas de mesa y de bolsillo no le quitaron los empleos a los ingenieros y contadores en las empresas, solo les facilitaron el trabajo.

Claro está, el aprendizaje profundo sobre la inteligencia artificial es mucho más amplio y requiere el estudio de las tendencias y del desarrollo que ha tenido en sus técnicas. Pero aquí es necesario pensar si la inteligencia artificial puede suplantar una tarea específica del trabajador o analista, o si lo puede reemplazar como tal. Para ser más precisos, un radiólogo hace muchas tareas y, con el diagnóstico correcto, se reúne con el paciente y discute el tratamiento. Eso lo seguirá haciendo por mucho tiempo. El toque humano es irremplazable.

Es importante crear controles y regulaciones para evitar que esta tecnología (IA) facilite la creación de una economía de mercado totalitaria. El poder de vigilancia de los hábitos del consumidor podría llegar a ser terrible.

5.1. Maletas inteligentes

«La tecnología en su avance vertiginoso desarrollando nuevos dispositivos ha llegado finalmente a las maletas» (Villarroel, 23 de abril de 2018) y las ha convertido en maletas inteligentes (véase imagen 5.3).

Las maletas inteligentes nos pueden dar su posición geográfica, avisar si alguien las toma, cargar nuestros dispositivos electrónicos, mostrar el peso que llevan y conectarse con nuestro teléfono o reloj. Por medio de su dispositivo pueden hacer un reconocimiento facial o a través de huella digital; cuentan con apertura remota y asistencia personal, seguimos sin necesidad de tirar de ellas o simplemente montados en ella transportarnos por el aeropuerto. El costo dependerá de las funciones que el usuario requiera, las habrá para todos los gustos, necesidades y presupuestos (Showroom, n.d.).

Imagen 5.3. Maletas Inteligentes nueva tecnología

El mayor inconveniente por ahora es que la fuente de energía es una batería de litio, las cuales han causado una serie de incidentes en que han provocado incendios y exposiciones, lo que llevó a las autoridades y a las líneas aéreas a establecer requisitos y prohibiciones para su uso y transporte.

La organización de Aviación Civil (OACI) y la Asociación de Líneas Aéreas (IATA) han emitido una prohibición de transporte de las maletas inteligentes a las que no se le pueden retirar la batería que las alimenta, junto con la obligación de retirarles dicha batería cuando son transportadas en la bodega (barriga) del avión como equipaje facturado, o sea, la maleta que entregamos en el mostrador cuando nos registramos para un vuelo.

Es importante recordarles a los amantes de juguetes de alta tecnología que para poder llevar una de estas maletas por avión es necesario que se le pueda retirar la batería antes del embarque. Como todos los cambios y mejoras, las maletas inteligentes nos harán la vida más llevadera evitando tener que tirar de ellas y facilitará su localización en caso de extravíos. Nos servirán como medio de transporte cuando así se requiera. El reto que presenta a la seguridad la batería de litio, se resuelve removiéndola de la maleta a la hora del embarque o en el futuro haciendo estas a prueba de incendios.

No hay dudas de que viajar será más cómodo y seguro cada día. En los tiempos medievales, en la Europa de los siglos XII y XIII, para viajar se requería toda una escolta bien armada, y con todo eso no era muy seguro llegar sano y salvo a su destino. Como vemos, las cosas están cambiando, hoy en día es más seguro viajar en avión que en automóvil. De acuerdo a las estadísticas, los aviones comerciales reportan un solo accidente fatal por cada dieciséis millones de vuelos anuales (Ferro, 5 de mayo de 2018), mientras la probabilidad de morir en un accidente automovilístico se estima es de uno en cien; es decir, es doscientas veces más probable morir en un accidente de automóvil que aéreo (Deadly Statistics, n.d.). Según otro estudio, por cada billón de millas recorridas en automóvil, mueren 7.2 personas y cuando se viaja por avión, solo mueren 0.07 (Ferro, 5 de mayo de 2018).

5.2. La tecnología e inteligencia artificial contra el crimen

La posibilidad de predecir un delito antes de que se cometa —y evitarlo— está cada vez más cerca, afirma el Sr. Ricardo Segura en EFP/reportajes. Esto se logrará con las nuevas tecnologías de predicción criminal. Los delitos que aún no se han cometido o precrímenes, se han convertido en un reto para los cuerpos de seguridad del Estado.

Detectar dónde y cuándo puede ocurrir la transgresión, quién puede cometerla, establecer patrones de actividad delictiva y predecir sobre el terreno y a contra reloj los acontecimientos, son una realidad cada vez más cercana, aseguran los expertos.

La policía de Dubái en los Emiratos Árabes Unidos ya utiliza un *software* de predicción de delitos desarrollado por la empresa Space Imaging Middle East (SIME), que es capaz de predecir fechorías y que se incorpora al patrullaje policial, esta tecnología se usa actualmente en el Centro de Mando y Control de la Policía de Dubái desde hace más de un año.

El *software*, o programa informático, desarrollado por la compañía SIME, analiza la base de datos de delitos de la policía, después utiliza complejos algoritmos y variables que generan datos de inteligencia e información, con lo cual es capaz de predecir infracciones, generar alarmas, acciones de prevención y recursos, señaló el Sr. Canals.

El motor inteligente «Crime Prediction» produce datos de considerable precisión sobre cuándo y dónde es probable que ocurra un delito, e informa a los equipos de patrulla sobre qué distritos pueden necesitar recursos adicionales para prevenir posibles actividades criminales. En Suiza ya se ha creado una aplicación móvil que permite al usuario obtener un informe de precrimen adaptado al área urbana e informa de potenciales riesgos en la zona donde se encuentra el usuario atendiendo a estadísticas, franjas horarias o características del entorno (EFE, 16 de abril de 2018).

No solo la investigación y el avance en el dominio de la inteligencia artificial se hacen en la Unión Americana, esto es una tarea mundial. El Ministerio del Interior de España ha puesto en marcha la aplicación (App) gratuita Alert Cops, que permite enviar a la Policía Nacional y a la Guardia Nacional una alerta localizada geográficamente y en tiempo real sobre un delito o situación de riesgo de la que es víctima o testigo.

Esta aplicación permite establecer un diálogo inmediato con el centro policial receptor de la alerta; incorpora en su pantalla de notificación un botón para reportar, por ejemplo, el acoso escolar, una situación sobre la que ha recibido muchas alertas.

Alert Cops permite al usuario contactar con la fuerza de seguridad a través del chat en distintos idiomas, enviarles fotos y videos, compartir su posición geográfica con un centro de rescate, entre otras finalidades. El término *chat* se refiere a un tipo de comunicación digital que se da a través de la red de Internet entre dos o más personas o usuarios. La comunicación por chat se puede llevar a cabo tanto por mensajes de texto, video llamadas o audiochat (Qué es Chat, n.d.).

5.3. Detector de armas al instante

También en España, científicos del Departamento de Ciencias de la Computación e Inteligencia Artificial de la Universidad de Granada (UGR) han diseñado un sistema informático, basado en técnicas de inteligencia artificial, que detecta automáticamente en las imágenes de cámaras de vigilancia cuando alguien saca un arma de fuego.

Este sistema puede mejorar la seguridad en aeropuertos o centros comerciales, y se puede implementar de forma sencilla y poco costosa combinándose con alarma directa en ambientes exteriores o interiores, utilizando cámaras de video y un ordenador con capacidades medianamente altas, sin requerir supervisión humana directa.

5.4. Software de predicción criminal en EE. UU.

En EE. UU., la policía de Chicago ya utiliza técnicas de reconocimiento facial, al ser esta la ciudad que tiene mayor tasa de criminalidad de todo el país (EFE, 19 de noviembre de 2018). En Los Ángeles se utiliza el PREDPOL/Predictive Policing o vigilancia predictiva, que es un sistema que trata de aprovechar el poder de la información, las tecnologías geoespaciales y los modelos de intervención basados en evidencia, para reducir la delincuencia y mejorar la seguridad pública.

La vigilancia predictiva es un sistema en el que, al iniciar el turno, cada agente recibe un mapa correspondiente a su zona de patrullaje con unas casillas marcadas a las que debe prestar mayor atención, pues el programa predice cual es el lugar donde, probablemente, pueda cometerse un delito. En esencia, la tecnología de vigilancia predictiva es un algoritmo desarrollado a partir de las matemáticas de alto nivel y el análisis sociológico y estadístico de la criminalidad. Este algoritmo tiene en cuenta los datos históricos de delitos del departamento de policía y produce predicciones sobre dónde y cuándo es más probable que ocurra un delito.

Según el Instituto Nacional de Justicia, «el enfoque de la vigilancia predictiva no es reemplazar a la vigilancia policíaca tradicional. En cambio, lo que hace es mejorar los enfoques existentes, como la vigilancia policíaca orientada a problemas, la vigilancia comunitaria, la vigilancia basada en inteligencia y la vigilancia de zonas críticas» (Rey, 19 de noviembre de 2018).

PREDPOL es el *software* precrimen más popular, ya lo utiliza la policía norteamericana en distintas ciudades, pues optimiza el patrullaje policial y predice los posibles acontecimientos delictivos (EFE, 16 de abril de 2018).

El RTM (Risk Terrain Modeling) o modelado de terreno de riesgo es otro *software* similar al PREDPOL creado por los académicos Leslie Kennedy y Joel Caplan de la Escuela de Justicia Criminal de la Universidad Rutgers en Nueva Jersey, EE.UU. RTM se enfoca en las características del entorno en vez de las personas, por ejemplo, analiza la existencia de tiendas, comercios, suburbios y características de los locales y edificios, estableciendo un patrón de conducta de los delincuentes que pasan por estos lugares.

En Miami se usa la detección de disparos con armas de fuego. Para ello utilizan el sistema «ShotSpotter», con el que localizan las detonaciones de armas de fuego en el momento que ocurren y les permite dar una respuesta inmediata para capturar a los involucrados (Reyes, 23 de septiembre de 2016).

5.5. Rastreando futuros delincuentes en internet

Algunos programas predicen delitos analizando los indicativos tecnológicos de actividades malintencionadas. Estos sistemas analizan variables como reconocimiento facial mediante cámaras en las vías públicas, la triangulación de teléfonos móviles, las palabras tecleadas en Google que delatan malas actividades latentes e intenciones muy peligrosas, las matrículas de vehículos cruzadas con base de datos de antecedentes penales o lugares sensibles buscados con «demasiada insistencia» en Google Maps (EFE, 16 de abril de 2019).

Hay muchos programas con diferentes herramientas investigativas que se usan según los distintos escenarios, algunos son públicos y otros reservados para el uso de agencias gubernamentales.

5.6. Luces y sombras de la predicción

Los softwares o programas de predicción criminal suponen un gran avance, pero no son una ciencia exacta, ya que generan falsos positivos cuando varias variables se juntan generando una alarma, por ejemplo: sábado de madrugada + cajero automático + estadísticas de atracos en cajeros + reconocimiento facial de un transeúnte con antecedentes de este tipo de delitos, que todas estas variables se unifiquen en el espacio/tiempo, dispara las posibilidades de delito, pero no supone una garantía única de que este acontecimiento delictivo suceda.

La gran desventaja de estos sistemas es la invasión masiva de la privacidad. Para detener *infraganti* a un solo delincuente, con las *manos en la masa*, debe monitorearse a miles de personas, por ejemplo, mediante la lectura de miles de muros y perfiles en redes sociales a la búsqueda de frases reveladoras de un delito impune.

Es notable señalar que en la lucha contra el terrorismo, a raíz de la oleada de atentados de grupos violentos en muchas ciudades de diversas partes del mundo, han legitimado estas herramientas antes discutidas, concluyen los expertos como el Sr. Canals.

Eric Schmidt el antiguo presidente de Alphabet, Inc., la compañía matriz de Google, estima que para el año 2025 China estará más avanzada que EE. UU. en el dominio y manejo de la inteligencia artificial, contando que hoy hay en China más de ochocientos millones de usuarios de internet, más que en ningún otro país. El acopio de «data», que es un elemento primordial para el desarrollo de la inteligencia artificial, es inmenso.

El liderazgo de China en la nueva tecnología inalámbrica 5G es algo que preocupa a muchas grandes potencias.

China gradúa 375 000 ingenieros todos los años. La realidad es que no solo son los habitantes de las naciones líderes del desarrollo de la inteligencia artificial —como la India, EE. UU., China, la Unión

Europea (UE), etc.—, somos todos los habitantes del planeta afectados para bien o para mal debido al desarrollo e implantación de estas tecnologías. No es de extrañar que esto impacte y afecte al mundo tanto como cuando Inglaterra comenzó la Revolución Industrial al final del siglo XVIII.

Por supuesto, todo este conocimiento tendrá un gran impacto en la tecnología de la información, que es la base de la industria y el poder destructivo de los sistemas avanzados coheteriles y otros armamentos. En este siglo estamos procesando un cambio en el balance de los poderes militares en el mundo. China y la India se alzan como colosos militares junto a los poderes ya establecidos: la Unión Americana, Rusia, Francia y Reino Unido.

El conferencista y conocido periodista Ismael Cala señala, en uno de sus artículos, lo siguiente: «Las nuevas tecnologías, como ya saben, no son ni buenas ni malas. Entender el mundo en el que nos movemos y garantizar unas normas éticas básicas, resultan tareas fundamentales para conjurar cualquier desviación que atente contra el propio ser humano, pero, mientras nos preparamos, no caben dilaciones para un futuro que ya está aquí». Frente a la pérdida indetenible de empleos, no hay espacio para el pánico sino para la anticipación.

6

La generación de energía eléctrica

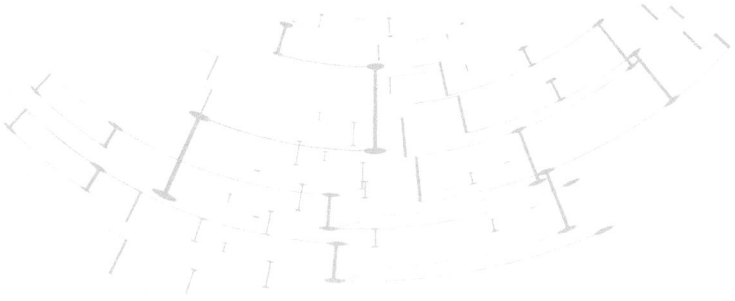

ebido a las grandes ventajas que ofrece, el mundo se ha inclinado por el uso de la energía eléctrica como medio idóneo para mejorar la calidad de vida de las personas y la sociedad en general. La electricidad se puede obtener de diversas fuentes, carbón, hidrocarburos, solar, eólicas hidráulicas, etc., por solo mencionar algunas. Esta característica hace que la energía eléctrica la puedan producir y disfrutar no solo los países ricos en recursos económicos, sino casi todos los países del mundo. En su esencia es una energía «social y democrática». Es fácil de transportar y distribuir, facilita que operen nuestras computadoras y todos los aparatos eléctricos en las fábricas, oficinas y el hogar. La electricidad nos ayuda a iluminar nuestras ciudades, carreteras, casas y hospitales. Gracias a ella podemos ser más flexibles con las horas de trabajo.

Para cuidar el medioambiente es fundamental ir en la dirección de usar fuentes de energía limpia y renovable para obtener la electricidad que tanto bien nos hace. Si el siglo XX fue el siglo donde el petróleo y el carbón eran los reyes, tanto, que le llamaban el oro negro y hasta el líder Georges Benjamín Clemenceau, primer ministro de Francia durante la Primera Guerra Mundial, se refirió a este líquido viscoso como «tan vital como la sangre», ya en el siglo XXI las cosas están cambiando.

Es una realidad que —por su alto contenido de energía, por su volumen y por su facilidad para almacenarse— el petróleo seguirá, durante algunos años, siendo un recurso relevante en la producción de energía, sin embargo, más temprano que tarde, será sustituido por otras formas de generarla.

Con los avances en la investigación y tecnología se van imponiendo otras fuentes de energía como el gas natural —que es muy barato—, energías renovables como la solar, movimientos de marea, entre otras; todas ellas combinadas con nuevas tecnologías en el uso de la energía nuclear con grandes medidas de seguridad más la aparición limitada de vehículos eléctricos que para los próximos años se volverá definitivamente masivo.

Todo esto está contribuyendo a que la importancia del oro negro, el petróleo, como fuente de energía primaria, vaya disminuyendo y pase a ser un factor más entre otros en la producción de electricidad, dejando de ser «el rey» para ser una fuente más entre muchas; situación muy conveniente a la humanidad.

El petróleo tiene también ciertas características muy negativas, mencionemos algunas:

- Es altamente contaminante, genera suciedad a su paso al aire, a la atmósfera, a los ríos y océanos, a las selvas y bosques.
- Su producción se concentra en pocos lugares y en pocas manos, facilitando la creación de carteles que manipulan los precios haciéndolos artificialmente altos y engendran oleocracias muy corruptas con tendencia a gobernar en los países petroleros de formas autocráticas y abusivas con sus propios pueblos, como sucede en Venezuela, Rusia, Arabia Saudita y Kazajstán.

La reina, como se me antoja llamar a la electricidad, no es tan fácil de almacenar y transportar (por su merma) como el petróleo, pero es infinitamente más limpia, se puede producir utilizando diferentes y diversas fuentes de energía —ya sea nuclear, hidráulica, solar, viento, mareas, biomasa, etc.— y mientras más capaces seamos de reemplazar el carbón y el petróleo para obtener electricidad, más limpio y pacífico será nuestro planeta. Logrando esto, tendremos y veremos un mundo más sano y democrático.

6.1. Energía solar

Con la Energía que nos regala el sol en una hora, nosotros pudiéramos satisfacer todas las necesidades energéticas del planeta por un año. Capturar esa energía es el **gran desafío**.

La humanidad ha ido progresando en la manera que producimos electricidad; cada vez lo logramos por las vías más diversas, por ejemplo, a través de la energía solar, el viento o los movimientos del mar, por solo mencionar algunas fuentes renovables de energía que ya estamos explotando (véase imagen 6.1).

Imagen 6.1. Energia Solar.

Ya existen muchas casas e incluso comunidades que son autosuficientes en la producción y consumo de energía eléctrica, están conectadas a la red eléctrica, pero con el propósito de vender la energía que le sobra a la compañía eléctrica en casos de emergencia.

Cada día los paneles solares son más eficientes y baratos; China, por ejemplo, ha hecho una gran inversión en su desarrollo y producción, y las familias nómadas de Mongolia interior, gracias a estos paneles, pueden ver televisión y conectarse a internet por satélite donde quiera que estén pastando sus animales. Esto no es el futuro, esto está pasando hoy, y, como China, muchos países le están dedicando cuantiosos recursos a esta tecnología.

En California ya existen incontables casas que, gracias a estos paneles y baterías de gran eficiencia, son autosuficientes y hasta les sobra y venden energía a la compañía eléctrica. La energía solar se está volviendo una realidad revolucionaria creando electricidad barata y limpia. Ella nos ayudará a crear un mundo mejor.

6.2 Energía eólica

La energía eólica es energía renovable generada por la utilización o fuerza del viento. Es una industria en crecimiento en China, Alemania, Estados Unidos e India, siendo estas las naciones que más desarrollan esta fuente de energía sustentable. La energía eólica no es algo nuevo, desde la antigüedad este tipo de energía ha sido utilizada por la humanidad. El viento, como fuerza motriz, ha sido usado para impulsar embarcaciones fluviales y marítimas y para mover los molinos de viento. Hoy en día es una fuente de energía limpia que no contamina ni daña el medioambiente.

Las grandes turbinas o aerogeneradores (especies de molinos de vientos) se colocan en áreas abiertas donde se sabe que corre bien el viento y a través del movimiento capturado por un generador se produce electricidad. La capacidad general de todas las turbinas eólicas instaladas en todo el mundo a finales de 2018 alcanzó los 597 gigavatios, según las estadísticas preliminares publicadas por la World Wind Energy Association (WWEA) o Asociación Mundial de Energía Eólica (AMEE). En la actualidad cerca del 6% de la electricidad global de la energía generada en el mundo proviene de este tipo de fuente, sin embargo, el potencial de explotación es inmensamente grande (World Wind Energy Association [WWEA], 4 de junio de 2019). Los países líderes en el aprovechamiento de esta fuente de energía para el año 2018 (World Wind Energy Association [WWEA], 17 de octubre de 2019) son los que señalamos a continuación (también puede consultar la gráfica en el apéndice A).

- China: 216 870 MW (35.7%)
- Estados Unidos: 96 363 MW (16.3%)
- Alemania: 59 313 MW (10.0%)
- India: 35 017 MW (5.9%)
- España: 23 494 MW (4.0%)
- Reino Unido: 20 743 MW (3.5%)
- Francia: 15 313 MW (2.6%)
- Brasil: 14 490 MW (2.5%)
- Canadá: 12 816 MW (2.2%)
- Italia: 9958 MW (1.7%)
- Resto del Mundo: 102 138 MW (15.5%)

Los aerogeneradores o turbinas de viento, como también se le conocen, son máquinas que se encargan de convertir la energía cinética del viento en energía eléctrica. El diseño de los aerogeneradores semeja la apariencia de los antiguos molinos de viento. Su principio de funcionamiento se basa en aprovechar la energía eólica y transformarla limpiamente en energía eléctrica (véase imagen 6.2). El funcionamiento es relativamente sencillo. El flujo del viento hace girar las paletas de la turbina del generador de manera que produce electricidad a través de la rotación de una gigantesca bobina magnética.

Los aerogeneradores, fundamentalmente, son de dos tipos: los de turbina en eje horizontal y los de turbina en eje vertical. Ambos modelos tienen ventajas y desventajas, pero las del eje horizontal son más comunes debido a que poseen mucho mayor nivel de eficiencia en su empeño. Para generar grandes cantidades de energía, los aerogeneradores se agrupan en extensos parques eólicos, esto facilita el abastecimiento de alta demandas de consumo.

6.3 Energía hidráulica

La energía hidráulica es la que se obtiene aprovechando la energía cinética y potencial de corrientes y saltos de agua, lo que provoca el movimiento de ruedas hidráulicas o turbinas a gran velocidad, produciendo un movimiento de rotación que se transforma en energía eléctrica, gracias al uso de generadores (Tewnergy, 22 de agosto de 2019).

Esta es una de las más explotadas energías renovables (véase imagen 6.3). La energía hidráulica es también conocida como energía hídrica. Esta forma de energía ha sido aprovechada por la

Imagen 6.2. Energia eólica.

humanidad desde tiempos inmemorables y ha sido transformada en numerosas otras formas de energía útil. En general, la energía hidráulica se considera renovable, segura y muy limpia, dado que no produce sustancias toxicas ni otros contaminantes (concepto de, n.d.).

Desde hace siglos se aprovechó, con molinos y rotores, el movimiento del agua, convirtiendo este en energía mecánica de rotación para moler trigo y otros granos, sobre todo en la Europa Medieval, y ya en los tiempos modernos para generar electricidad. La fuerza del agua, su abundancia y fluidez la hacen un recurso idóneo para la humanidad.

Las centrales hidroeléctricas son el ejemplo más notable del aprovechamiento y transformación de la energía hidráulica a energía eléctrica. La lógica de estos emplazamientos es aprovechar la energía potencial gravitatoria del agua o la intensidad de la corriente para hacer que la fluidez del líquido mueva las turbinas de manera constante, generando así nueva energía, que es transmitida por un eje a un alternador para obtener electricidad. Esta energía eléctrica obtenida puede ser transmitida a través de las redes a las empresas comerciales y a los hogares que la van a consumir.

Imagen 6.3. Energia hidráulica.

Las ventajas de la energía hidráulica son muchas:

- Es una forma de energía limpia y no requiere procesos de combustión interna o externa, no subproduce sustancias toxicas contaminantes.

- Las represas de las grandes centrales hidroeléctricas tienen una gran capacidad de almacenamiento de agua, controlando así las impredecibles crecidas de los caudales de los ríos, que por siglos han causado tantas catástrofes y muertes a la población que vive en sus bancos y cercanías. Estas represas han salvado millones de vida y han protegido vastas áreas agrícolas.

- La producción eléctrica derivada de la energía hidráulica es a la larga muy económica, y no depende de fluctuaciones de los precios de las materias primas como el petróleo. Dada su abundancia, esta energía es barata y de fácil obtención. El costo de la inversión inicial es alto, pero después de construidas las instalaciones es solo el costo operacional y de mantenimiento lo que queda pendiente.

- De los grandes embalses de agua construidos para optimizar el funcionamiento de las centrales hidroeléctricas se obtienen muchas ventajas colaterales, tales como:

  - Pesca artesanal
  - Pesca deportiva
  - Acuicultura
  - Turismo
  - Deportes acuáticos

La gran cantidad de agua represada en los embalses sirve para el riego en agricultura, mitigando las sequías en las zonas agrícolas cercanas y aumentando la producción de alimentos. Un buen ejemplo es la gran central hidroeléctrica Simón Bolívar en Venezuela, también llamada «represa del Guri», que aprovecha el caudal del rio Caroní, afluente del Orinoco, para generar 10 235 Megavatios (MW) de electricidad.

Las desventajas de la explotación de la energía hidráulica son:

- Gran impacto ecológico y daño al medioambiente durante y después del proceso de construcción de las grandes instalaciones en los cuerpos de agua.
- Elevado costo económico y muchas veces social de la construcción de las centrales y represas; así como costos secundarios ocasionados por las inundaciones de terrenos fértiles, cementerios, sitios arqueológicos, pueblos y hasta ciudades.
- Altera los ecosistemas fluviales río abajo, pues el agua que sale de la planta carece de sedimentos y peces.
- Las temporadas extremas de sequía y fenómenos como «El Niño» pueden reducir drásticamente la producción eléctrica.
- Movilización y traslado de poblaciones enteras de áreas bajas que serán inundadas a terrenos altos. Estos desplazamientos de población en ocasiones son forzadas y muy traumáticas, en especial para las personas de la tercera edad.

Las centrales hidroeléctricas más grandes del mundo (Roca, 30 de septiembre de 2015):

- Presa de las Tres Gargantas o «Three Gorges» en China, en la provincia de Hubei, situada en el curso del rio Yangtsé. La capacidad total son 22 500 MW.
- Presa Xiluodu en China, situada en el curso del rio Jinsha, el afluente más grande del Yangtsé. Esta central hidroeléctrica es la segunda más grande de su tipo en China después de la presa de las Tres Gargantas, a su vez la más grande del mundo. La Presa Xiluodu, considerada la tercera más grande del mundo, fue construida para aliviar la presión de la presa Tres Gargantas, controlando y dirigiendo la fuerza del río Yangtsé. La capacidad total es de 13 860 MW.

- Presa de Itaipú en Brasil y Paraguay situada sobre el rio Paraná se considera la segunda más grande del mundo. La capacidad total es de 14 000 MW.

- Presa del Guri, también conocida como la central hidroeléctrica Simón Bolívar, situada sobre el rio Caroní se considera como la cuarta más grande del mundo. La capacidad total es de 10 235 MW.

- Presa de Tucuruí, perteneciente al Estado de Pará en Brasil, situada en la parte baja del río Tocantins. Se considera como la quinta central hidroeléctrica más grande del mundo. La capacidad total es de 8370 MW.

- Presa Grand Coulee, situada en el río Columbia en Washington, Estados Unidos, es considerada la sexta central hidroeléctrica más grande del mundo. La capacidad total es de 6809 MW.

- Presa de Xiangjiaba en el condado de Yibin, China, es considerada la séptima central hidroeléctrica más grande del mundo. Situada en el rio Jinsha. La capacidad total es de 6448 MW.

- Presa Longtan, también ubicada en China. Está situada en el río Hongshui en Tian'e, en la región autónoma China de Guangxi, es considerada la octava mayor del mundo. La capacidad total es de 6426 MW.

- Presa Sayano-Shushenskaya situada en el río Yenisei en Sayanogorsk (Jakasia), Rusia. Es considerada como la décima mayor del mundo. La capacidad total es de 6400 MW.

- Presa Krasnoyarsk se encuentra a orillas del río Yenisei, en Divnogorsk, Rusia. Se considera la undécima mayor del mundo con una capacidad total de 6000 MW.

6.4. Energía mareomotriz

La energía mareomotriz es la energía que se obtiene aprovechando las mareas. Se utiliza un alternador para la generación de electricidad, transformando así la energía mareomotriz en energía renovable. Dado que la fuente de la que se obtiene no se agota por su explotación es una energía completamente renovable y a la vez limpia, al no producir subproductos contaminantes en su transformación energética (véase imagen 6.4).

La gran desventaja —hasta ahora—es que la relación existente entre la cantidad de energía que se obtiene con los medios actuales y el coste económico no la hace muy factible. Esta es una situación temporal y ciertamente superable en un futuro muy cercano aplicando nuestros nuevos conocimientos y tecnología (Wikipedia. org, n.d.)

Hemos repasado algunas fuentes de energía de las ya conocidas y explotadas. El potencial es infinito y cada día seremos más capaces e inteligentes en la obtención, transporte, distribución y uso de nuestras viejas y nuevas fuentes de energía. Consulte el apéndice B para ver un gráfico que demuestra la evolución de la potencia instalada de las fuentes de energía renovables hasta el 2016. Consulte también el apéndice C, en el cual se muestra la energía que el ser humano consume y de dónde procede.

Imagen 6.4. Energia mareomotriz.

7

Cultura premoderna

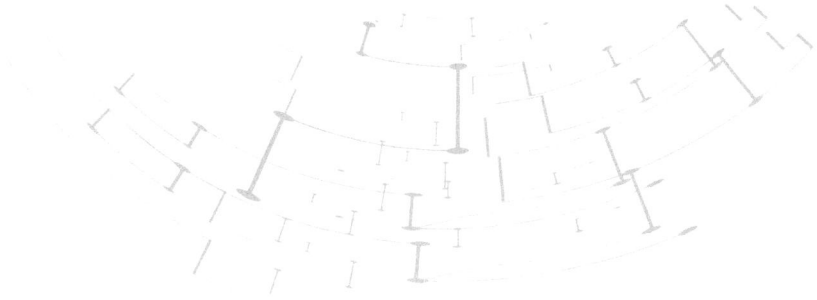

L a idea de que el sol giraba alrededor de la tierra prevaleció durante miles de años. La tradición oral y pictórica y, sobre todo, los usos y costumbres más la gran influencia de las religiones y creencias sobrenaturales de los pueblos, eran los factores de mayor influencia en nuestra cultura planetaria, incluyendo los procesos mentales, en nuestra toma de decisiones.

Gracias a los descubrimientos científicos, estas anacrónicas creencias y valores han ido quedando atrás. En las decisiones que hoy tomamos los seres humanos tenemos muy en cuenta los avances de la ciencia y la gran cantidad de conocimientos e información de calidad que está a nuestra disposición. Por ejemplo, en muchas regiones del mundo, afectadas por la temporada ciclónica, nos preparamos siguiendo las guías y opiniones de los expertos meteorólogos por la televisión o la Internet, hace solo ochenta años estas herramientas no existían. Siguiendo sus consejos se disminuyen o evitan grandes pérdidas materiales y, sobre todo, de vidas humanas.

En estos casos de ciclones, huracanes o tifones, como los llaman en Asia, el tiempo de preparación ante la catástrofe climatológica que se avecina es de suma importancia, y en muchos casos, ¡hasta vital!

Para mis lectores, que no viven en el trópico, el poner a buen recaudo las medianas y pequeñas embarcaciones, los vehículos recreativos como casas móviles, contenedores de basura, muebles de patio, etc. evita miles y hasta millones de dólares en pérdidas materiales. Seguir los consejos de las autoridades y expertos de no deambular por las calles y plazas bajo los fuertes vientos y asegurar las puertas, ventanas y techos de nuestras casas y negocios evita grandes pérdidas, la vida de nuestros animales y la humana misma.

Con respecto a las religiones pienso que, aunque seguirán entre nosotros con sus buenas y malas influencias, su importancia como organización socioeconómica irá mermando con el tiempo. La incongruencia e incoherencia de ellas es cada vez más evidente, y eso irá calando y mellando en la fe, el apoyo económico y la dedicación de la gente. La Iglesia católica romana es la organización caritativa más grande del mundo; sin embargo, sus manchas y abusos —por parte de cientos de sus sacerdotes con la complicidad, encubrimiento y complacencia de las autoridades eclesiásticas— son innegables.

Esta es información verídica y el mismísimo papa Francisco ha pedido perdón a la feligresía y al mundo, pero al mismo tiempo se niega a abrir los archivos ultrasecretos del Vaticano y a denunciar criminalmente a todos los miembros del clero envueltos en estas actividades del «bajo y secreto mundo» de las relaciones sexuales del clero católico. Esta situación no le hace justicia a tantos miles de religiosos dedicados y bien intencionados que dedican sus vidas a servir al prójimo. La razón de tanta protección y secreto es el temor a perjudicar los intereses de la jerarquía que está en el poder.

Si creemos más por sus acciones que por sus prédicas, veremos que sus prioridades no son el bienestar físico y mental de los niños y adolescentes de su iglesia o sus escuelas. Es el «instinto de sobrevivencia» de la jerarquía de la Iglesia y no el de la protección de los niños, la prioridad número uno. Esto lo hace evidente el simpático y humilde papa Francisco cuando no desclasifica y entrega toda la información de estos actos criminales, cuando no transfiere a las autoridades civiles y judiciales de cada país los detalles sobre el abuso de poder de los obispos y el clero pederasta. Hacerlo sería atentar contra el instinto de sobrevivencia de la jerarquía de la Iglesia católica, además, no sería bueno para el negocio, sobre todo, el negocio de mantener el prestigio y el poder. Tan sencillo como eso.

En verdad, el más grave delito cometido es que los cientos de sacerdotes católicos pederastas en el mundo han sido protegidos por las autoridades eclesiásticas en todos los países donde esto acontecía. Este fenómeno solo puede pasar con el consentimiento y dirección del Vaticano. No existe otra explicación al porqué se manejó igual en Chile, EE.UU., México, Cuba o Irlanda.

No hay crimen más escandaloso que abusar de un niño o niña y la consigna era clara, evitar el escándalo a toda costa y todo esto en el nombre de Cristo. Poco a poco las verdades y responsabilidades se han ido conociendo y se están haciendo algunas reparaciones y correcciones, siempre lo mínimo, siempre muy despacio. Muchas víctimas y agresores ya han fallecido, nunca se sabrá la verdadera dimensión de tan grave canallada. Las autoridades de la Iglesia católica se confabularon para mantener el secreto, orquestaron la protección de los agresores en vez de proteger a los infantes. Esa verdad corroe su autoridad moral profundamente.

A Galileo, la iglesia estuvo cerca de asesinarlo por decir que «La tierra se mueve». El argumento de la iglesia era que la Biblia decía lo contrario, pues el resultado fue que la Biblia no tenía la razón, pero sí el condenado Galileo.

Hoy el problema es mucho más grave, porque atañe a la manera en que interpretamos los textos bíblicos. Según el prolífico autor y sacerdote de la orden dominicana, fray Marcos Rodríguez, colaborador de la Escuela de Formación en Fe Adulta (EFFA), en España, «Ni una sola frase de la Biblia podemos entenderla literalmente porque toda ella es teología narrativa». Y es, una vez más, la ciencia, la que nos obliga a dar el cambio. Los medios con que cuenta hoy la ciencia en todos los órdenes son increíbles (Rodríguez, n.d.).

Igual que la ciencia confirmó la teoría de Galileo al principio del Renacimiento, los grandes avances de la arqueología —que son impresionantes— están demostrando que los relatos que han llegado a nosotros no quieren decir lo que durante mucho tiempo estábamos muy convencidos que nos decían.

Por ejemplo, está demostrado que David no fundó ningún imperio —en los descubrimientos arqueológicos no hay ni rastros de ese imperio— ni Salomón tuvo un esplendoroso reinado, solo construyó un templo; y así de manera sucesiva. El mundo de hoy, más ilustrado, no va a creer que Noé metió una pareja de todos los animales de este planeta, incluyendo millones de insectos, en un arca (precolombina). Por eso considero que las ciencias y el conocimiento globalizado acabarán con las religiones como las concebimos hoy en día y como bien dice fray Marcos Rodríguez, y cito:

- No tienes que esperar ninguna salvación venida de fuera.
- Todo lo que puedes llegar a ser, ya lo eres.
- Tu tarea es descubrir tu verdadero ser y simplemente serlo.
- Toda la parafernalia de la institución es engañosa porque va dirigida a satisfacer tu falso yo.

Esto es tan solo uno de los problemas, sin hablar de la discriminación bochornosa a las mujeres en las principales religiones monoteístas y politeístas del mundo. Estoy seguro de que si las mujeres dirigiesen estas instituciones las cosas serían diferentes.

Ya el mundo está cambiando y las religiones también lo harán. Los episcopales americanos ya comenzaron a aceptar a las mujeres en posiciones de liderazgo.

El uso indiscriminado de los recursos que solicitan y poseen las Iglesias para mantener a muchos de sus líderes viviendo vidas llenas de lujos y excesos —que van en directa oposición a lo que se predica— es sencillamente escandaloso. A medida que las sociedades vayan avanzando en los conocimientos, y por la tecnología se haga más difícil ocultar información, las religiones y creencias irán evolucionando hacia una coherencia entre lo que se cree, se sabe y se practique. Ya se palpa el comienzo del fin de las religiones como la conocemos hoy en día.

Con la expansión del conocimiento y la globalización de las ideas, el oscurantismo poco a poco va quedando atrás. Es el sentido común y otra cosmovisión que se va imponiendo. Los seguidores de Cristo Jesús, por ejemplo, tratarán de seguir y emular sus prédicas y enseñanzas, su austeridad, su tolerancia y compasión, en fin, el disfrute del amor de Dios y del prójimo.

Un exhibicionista disfrazado del sumo pontífice romano del siglo III o IV con vestiduras de seda, bordadas con hilos de oro, en un gran templo con costosas esculturas, pinturas y vitrales y una gran panza, es el símbolo diametralmente opuesto a lo que el verdadero Jesús predicó y sobre todo mostró. Los ritos tibetanos de Roma y los bizantinos de Constantinopla (hoy Estambul) están muy lejos de encarnar el mensaje de quien los cristianos creen que fue el hijo de Dios.

No habrá cabida en el futuro a la lujuria, la avaricia, la intolerancia y sobre todo a la incongruencia en el seno de las Iglesias. Cómo va a ser que países «cristianos» rechacen a sus hermanos «hijos de Cristo Jesús» como refugiados, ya sean políticos, económicos o simplemente huyendo de la violencia de las guerras, ¿qué cristianismo es ese?

Gracias a la globalización, los pueblos de todo el mundo

entenderán que «amar al prójimo» como verdaderos cristianos, no es amar al prójimo blanco, negro o amarillo; es el prójimo y punto. Pronto este mensaje recorrerá el planeta y se hará viral en todo el mundo, hay que abrir la mente y el corazón a la verdadera doctrina espiritual. Tenemos la obligación de parir un mundo mejor. «Sin compasión no hay religión».

7.1. El auge del conocimiento

La acumulación de conocimientos es de importancia capital para el desarrollo y avance de nuestra sociedad, pero no todo el «conocimiento» es verídico, y en muchas ocasiones no son buenas prácticas. Por ejemplo, los métodos de siembra que dieron buen resultado en la era primitiva no se aplican ahora, pues poseemos mejores técnicas para la producción agrícola; por consiguiente, es importante desaprender lo que creemos y practicamos —ya que puede estar obsoleto— y aprender las nuevas técnicas y maneras de proceder para estar en óptimas condiciones para nuestro desarrollo tecnológico, económico y emocional.

Tenemos que desarrollar una «ecología moral», que no es más que una cultura cívica, y para lograr eso tenemos que desaprender muchos prejuicios y conceptos equivocados que todavía cargamos en esas mochilas y fardos pesados que vamos arrastrando por nuestras vidas. Desechar lo malo, abrazando y haciendo nuestros los nuevos cocimientos.

Tenemos que abrir la mente y el corazón para, en realidad, aprender que estamos en el umbral de un mundo nuevo y maravilloso. Si no queremos quedarnos relegados debemos cambiar lo que nos frena y reafirmar lo que nos hace crecer y desarrollarnos como personas.

No insistamos en actuar como reptiles. El instinto de ellos es de los más primitivos; atacan y tratan de matar todo lo que sea diferente. Eso es, básicamente, lo mismo que hacemos nosotros cuando tenemos como cultura discriminar a los que no sean «como nosotros», ya sea por el color de la piel, su cabello, nacionalidad, idiosincrasia, región, creencias religiosas, género, o preferencia sexual.

Este es uno de nuestros grandes desafíos: eliminemos el sectarismo e intolerancia de nuestras vidas. Para cambiar y mejorar nuestra civilización y cultura tenemos que empezar por nosotros. Digamos: «el cambio comienza por mí». Hay que cuidar el corazoncito de los demás. Nunca se los estrujes.

Así como hemos visto que ni el sol gira alrededor de la tierra, ni la tierra es el centro del universo, y comprendiendo que el cosmos es vasto, tal vez descubriremos —en el futuro— que el centro del universo es Dios, que es el centro de nuestras vidas. Los descubrimientos científicos ponen a las miles de religiones que existen y lucran en este mundo contra la pared; pues se ha comprobado que las creencias, en las que la mayoría de ellas se sustentan, son falsas o erradas.

Los hombres no son intelectualmente superiores a las mujeres, esto está científicamente estudiado y comprobado, con lo que se echa por tierra las creencias que tienen las religiones monoteístas originadas en el Medio Oriente en relación a que solo los hombres pueden ser rabinos, sacerdotes o imanes. Estas creencias son discriminatorias contra la mejor mitad de la población. Según una nueva investigación, las mujeres han recorrido un largo camino en los Estados Unidos en los últimos setenta años, hasta el punto de que ahora se les considera que son tan competentes como los hombres, si no más. (American Psychological Association [APA], 18 de julio de 2019). Las prédicas de que las mujeres fueron las culpables del «pecado original» son infantiles, inciertas, crueles e injustas. A medida que avance el conocimiento humano se derrumbarán tabúes y supersticiones.

¿Cuánto le ha costado a la humanidad suprimir a las mujeres de los puestos clave de la dirección y liderazgo de la sociedad? No se sabe con exactitud, pero la cifra sería astronómica.

Con la incorporación a los centros de enseñanza superior de las minorías y las mujeres, el mundo gana en talentos y diversidad. Todos estos factores van a reafirmar el buen camino que estamos tomando hacia el progreso de nuestra sociedad.

«Uno de los mayores crímenes contra la humanidad es desperdiciar mentes brillantes y geniales por su género, raza, origen nacional, étnico o estilo de vida. Tal vez esta persona a quien le impedimos su desarrollo iba a inventar la cura de la enfermedad que nos va a matar a nosotros o a nuestros hijos». Por eso reitero: «desperdiciar (por discriminar) una mente, es un crimen de lesa humanidad».

Hay que desterrar de la faz de la tierra la cultura de la violencia, del despojo, de la incivilidad y de la intolerancia. ¡Hay que empoderar a las mujeres y a las minorías de este mundo!

Desafíos

No todos los resultados de los descubrimientos y avances tecnológicos van a tener consecuencias positivas. Hay una serie de situaciones que crearán problemas muy difíciles en el futuro cercano y nos presentarán grandes desafíos. Uno de ellos es la pérdida, en las generaciones presentes, de la capacidad de conversar y socializar humanamente cara a cara con sus semejantes

7.2. Lenguaje corporal y su importancia

El lenguaje corporal es de gran importancia a la hora de las comunicaciones personales. Hay estudios que afirman que el lenguaje del cuerpo es, en muchas ocasiones, más importante que el verbal. En las habilidades sociales el lenguaje del cuerpo no es nada despreciable, en muchos momentos el lenguaje corporal y la comunicación verbal son contradictorias por lo que nos genera desconfianza, pues notamos falta de coherencia entre las dos.

El nivel de voz, alta o baja, el tono imperativo o suplicante en combinación con el ya mencionado lenguaje corporal, nos da unas dimensiones y matices que no tenemos cuando las comunicaciones son puramente electrónicas. Esta es una de las realidades de una nueva era en las comunicaciones personales que llega con nuevos desafíos para las generaciones venideras, las que han de seguir nuestros pasos. Tendremos que aprender a tener paciencia, darle tiempo al tiempo.

En mis viajes al Oriente, los chinos siempre me dicen que el problema de nosotros, los occidentales, es «que no tenemos paciencia». Ellos empiezan a tallar un collar de marfil y el trabajo lo terminaban los nietos. ¡Qué enseñanza! Es el arte de trabajar en familia. Estamos conscientes de que hay comunidades en Latinoamérica que mantienen este tipo de tradiciones, tal vez por ahí estén las soluciones.

Esta situación de falta de paciencia no es solo un problema cultural, sino también generacional; pues con la velocidad de los ordenadores los jóvenes tienen cada día menos paciencia y capacidad para esperar. El deseo de gratificación inmediata es enorme. Hay que entender que hay muchas cosas que se pueden hacer más rápido con tecnología y mejores procedimientos, pero hay otras que no. Un buen vino tinto necesita tiempo de añejamiento.

La rápida desaparición de muchos empleos, producto de la sustitución de empleados por robots, será otro de los grandes desafíos de los años venideros. La automatización acelerada de la producción y servicios presenta el reto de reentrenar la fuerza laboral para trabajos más sofisticados o no automatizables (por ahora).

Un estudio de la Universidad de Oxford predice que el 47% de los empleos en EE. UU. corren el riesgo de ser automatizados en los próximos quince años (Frey & Osborne, 2013). «Hay tendencias a encarar una resistencia natural al cambio». Sería un craso error de los trabajadores oponerse y luchar contra la modernización de la sociedad.

Como diría Darwin «adaptarse y sobrevivir» será el camino más inteligente a seguir, las sociedades y países que así lo hagan avanzarán y se desarrollarán más que los que continúen en su miedo pertinaz a la tecnología y al progreso. De acuerdo a Ismael Cala, «El progreso es parte del legado más transcendental de la raza humana».

Con el aumento de la productividad, aumentará exponencialmente el bienestar social de la humanidad. Los espasmos y sufrimiento del proceso serán inevitables, pero al igual que procesos similares, como la Revolución Industrial del siglo XVIII, serán procesos positivos y parte del desarrollo y avance de la humanidad. Si hay una constante en la vida de hoy es que todo cambia.

La población del planeta enfrenta hoy muchos desafíos en su esfuerzo por sobrevivir y adaptarse a los cambios, a veces nos puede parecer que es una situación que nos sobrepasa. No se debe vivir en la ignominia y el miedo. Estudiar, superarse y reinventarse es la actitud deseada y la que nos llevará al éxito profesional y existencial.

Jack Welch, el empresario que modernizó y sacó a flote la gran compañía norteamericana General Electric (GE), que pudo multiplicar su valor 4000% manifestó sobre el impacto tecnológico: «Cambia antes que tengas que hacerlo».

En mi opinión y visión, triunfarán los que no se conforman con ser pasivos observadores de los cambios y deciden participar y convertirse en facilitadores y promotores de estos eventos. Las personas, tanto como las empresas, con esta filosofía, avanzarán y serán líderes y beneficiados del avance de la humanidad.

Quisiera resaltar el carácter exponencial del progreso tecnológico y digital. Un invento hace posible y promueve diez nuevos inventos y estos a su vez generan muchos más. Por ejemplo, el movimiento ordenado de los electrones por un cable (la electricidad) conduce energía, origina el bombillo que produce luz, los motores eléctricos, la refrigeración, los aires acondicionados, entre muchos otros.

No solamente es importante abrazar la tecnología, sino cambiar nuestra manera de actuar y pensar socialmente. Como civilización tenemos que aprender a usar todos esos avances para el bien de la humanidad y seguir los consejos del gran Kofi Annan, ex secretario general de la ONU, quien dijo: «Debemos actuar a un nivel más elevado para prevenir los conflictos violentos antes que ocurran».

Necesitamos desarrollar una cultura de paz. El principio fundamental de esa cultura debe ser la tolerancia; es decir, la necesidad de apreciar y celebrar las diferencias que conforman la variedad y riqueza de nuestro planeta. Así, con esta manera de pensar y sentir, es como debemos encarar los **desafíos de estos tiempos modernos**.

7.3. Una evaluación sincera

Si bien es cierto que vivimos en un planeta lleno de problemas, a veces se nos llena el alma de preocupaciones y pesares con solo pensar en los riesgos de una nueva conflagración nuclear (Corea del Norte, Irán, El norte de Nigeria, Yemen, Venezuela, Siria, lugares con conflictos y tragedias actuales o potenciales, limpieza étnica en Myanmar y otros horrores) y sentimos que el mundo no va por buen camino; pero, en verdad, la humanidad sí va por muy buen camino. Tendrá muchos obstáculos y baches, pero va en muy buena dirección, va por el camino correcto. Hoy hay una porción mucho menor de la población mundial que está sufriendo de hambre, pobreza, falta de educación e información que nunca en la historia. Estamos siendo testigos de la etapa con más progreso que ha vivido la humanidad desde que se tenga data recopilada, veamos algunos datos: cada día 217 000 personas salen de los rangos de la pobreza extrema (menos de 2 dólares diarios), según los cálculos de Max Roser, economista de la Universidad de Oxford que encabeza el sitio web *Our World Data*.

Cada día 325 000 personas se conectan a la red eléctrica (con todos los beneficios que esto conlleva) y 300 000 personas ganan acceso a agua limpia y potable. En China, solamente en estos últimos treinta años, cientos de millones de personas han dejado la pobreza extrema atrás. Esto ha sido una de las experiencias personales que más ha impactado mi vida. Uno de los hechos más grandiosos que puede atestiguar un ser humano es ver a una gran nación levantarse y dejar el subdesarrollo atrás.

Tan reciente como en el año 1960, la mayoría de la población mundial era analfabeta y vivía en extrema pobreza, hoy en día menos del 15% son analfabetos, y menos del 10% viven sumidos en extrema pobreza. Se anticipa que para el año 2030 se espera que estos dos males hayan desaparecidos casi por completo de la faz de nuestro precioso planeta.

Es un gran privilegio que nos haya tocado la suerte de ser testigos presenciales de tan magno cambio: La desaparición después de miles de años de la pobreza extrema. ¡Qué maravilla!

Las vidas de más de cien millones de niños se han salvado gracias a las vacunas, tratamientos efectivos de hidratación contra la diarrea, promoción de la alimentación directa del pecho materno y otras medidas simples de promoción de hábitos de higiene y alimentación.

Un solo hombre, Mr. Nand Wadhwani, con una sola computadora, en Lamma Island (archipiélago de Hong Kong) ha salvado la vida de millones de niños y madres en la India, y en todo el mundo, con sus proyectos de sanidad pública, divulgados en internet, y su ya famoso «HealthPhone», teléfono de la salud, (ver http://motherchildtrust.org/).

Se entiende, fácilmente, que con tantas malas noticias que leemos en la prensa y en el Internet, se nos nuble la vista y la mente, y no veamos la gran realidad que nos rodea. El mundo en general —con algunas excepciones— es mucho mejor que antes.

Nunca la humanidad ha tenido esa capacidad de progresar. El 90% de la población mundial menor de un año ha sido inmunizada. Es sencillamente increíble. El nivel de analfabetismo está cayendo a cifras nunca vistas.

En estos instantes se está creando una clase media en todas las regiones del mundo, esto nos traerá el surgimiento de cientos de miles de nuevos Mozart y Einstein ¿Se imaginan? Ya hoy la energía solar es más barata que la que se obtiene quemando carbón. Esto hubiera parecido una quimera hace solo treinta años atrás.

Hay muchos más motivos para estar optimistas; para ello solo hay que abrir bien los ojos y la mente, sobre todo esta última. Veamos... en el país donde vivo hace más de cuarenta años, EE.UU., en los años cincuenta tenía segregación racial (increíble, pero cierto) estaban prohibidos los matrimonios interraciales, o del mismo género, y el control de la natalidad.

La mayoría de los países del mundo vivían bajo dictaduras militares y dos tercios de las familias habían perdido, por lo menos, un hijo. Las mujeres eran discriminadas en muchos aspectos de sus vidas, y las peores hambrunas azotaban el planeta. Hoy deberíamos regocijarnos de vivir en unos tiempos mucho más amables, interesantes y ricos.

La posibilidad de vivir más años, de viajar, vivir en libertad y tener acceso a una gran variedad de productos de consumo y alimenticios, de entretenimiento e información, aumenta con el desarrollo de la sociedad, de la tecnología, y el conocimiento humano.

Es innegable el avance, en todos los campos del saber, del conocimiento humano. La calidad de vida mejora en todos los continentes, el progreso y bienestar social cada vez es más notable. Estamos en el umbral de un mundo y una vida mucho mejor. Cuando tengamos la sensación de que la rapidez de los cambios y la tecnología nos exceden, debemos sobreponernos a este sentimiento siendo más positivos y emprendedores.

En esta obra menciono algunas realidades de una nueva era que arriba con grandes desafíos para nosotros y las generaciones venideras que han de seguir nuestros pasos. El camino hacia nuestro futuro no siempre será sencillo y tendremos que enfrentar nuevos retos y situaciones que en algunos casos podemos anticipar y en otros no.

La ciencia sabe que las emociones básicas de los seres humanos —como el amor, miedo, atracción al sexo opuesto, odio, celos, envidia, solo por mencionar algunas de ellas— son sentimientos que han evolucionado por cientos de miles de años para protegernos de un planeta que, aunque espléndido en recursos, puede ser hostil y en ocasiones muy peligroso.

«Todas estas emociones ayudan a propagar nuestros genes en las próximas generaciones» nos explica Michio Kaku en su libro *Física del futuro*. Este es el poderoso arsenal que posee nuestra mente y que nos ha hecho, como especie, tan resistente, adaptable y exitosa. La sofisticación en el pensamiento humano está alcanzando niveles imprevisibles y tenemos las herramientas para seguir triunfando.

7.4. El futuro y la felicidad

El bienestar mental asociado con la sensación de profunda satisfacción y sentido de propósito de vida es lo que comúnmente llamamos felicidad. En muchos centros de estudios de psicología en el mundo se conoce y publica «Que la felicidad del ser humano es mucho más codependiente del verbo ser y amar que del verbo tener».

En el futuro, el conocimiento de estas verdades y la convicción generalizada del saber nos dará más conciencia del placer y de la profunda satisfacción que genera ayudar al prójimo y a la sociedad en general. Estos valores se irán generalizando gracias a la globalización y poco a poco seguiremos construyendo un mundo mejor, donde un ser humano más sano y productivo, tanto hombres como mujeres, minusválidos o pertenecientes a minorías étnicas o religiosas, se regocijen en poseer menos valores materiales y más espirituales. Mi mejor cena de acción de gracias fue el año que ayudé a servirla en un centro de ancianos y no la noche que cené en un restaurante de lujo.

En verdad somos los arquitectos del progreso y de nuestro propio destino y estamos en condiciones (como raza humana) de vivir y disfrutar de este nuevo y mejor mundo. Coincido con el pensamiento de Gabriel García Márquez cuando dijo, «Este es el largo amanecer de un mundo que despierta a la tecnología y al don de aprender a usar un poco más sus capacidades, sobre todo mentales, y es capaz de desprenderse de los dogmas e ideologías utilitarias que tanto daño le han hecho al desarrollo humano».

Aunque muchos viven apegados a usos ancestrales y cuando aún perviven las memorias del pasado, gracias a la tecnología de punta y a la creatividad humana vamos construyendo un mundo nuevo encima del antiguo, parecido a los conquistadores en América que construyeron una civilización nueva encima de la antigua.

Trenes bala (Shinkasen), edificios inteligentes, naves espaciales, vehículos autónomos y eléctricos, robots, etc. El impacto de la emergente tecnología digital e inteligencia artificial en la productividad y creación de riqueza en el mundo es muy significativa y de gran importancia. Estos dos elementos están cambiando la manera en que vivimos y es para el bien de la humanidad en general. Toda esta nueva tecnología producirá un nuevo mundo.

Como hemos visto en este libro, es innegable que la vida sigue adelante. El ser humano aprende y avanza cada vez más veloz e impetuosamente. Estoy seguro de que hoy es mejor que ayer, y que en todos los parámetros el mañana superará el presente. Me niego a revolcarme en el charco de la desesperanza y la negatividad.

Por supuesto, surgirán nuevos retos y problemas, que solo serán desafíos por encarar y resolver. Al fin dejaremos atrás la pobreza extrema, la ignorancia extendida, la corrupción institucional y la opresión sin límites. ¡El siglo de la información, la transparencia y la electricidad, el agua y los alimentos abundantes está ya aquí! Los que tengan la dicha de vivir en el 2050, pensarán del siglo XX lo que nosotros pensamos de la época de las cavernas.

8

Las universidades del futuro

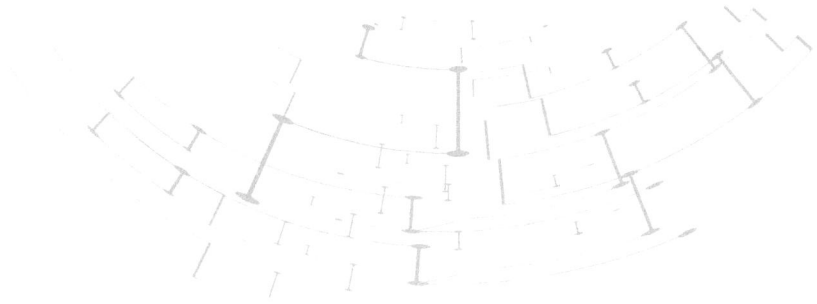

on los cambios que se viven, y que se seguirán viviendo, resulta obvio que las universidades se adecuen para seguir siendo motor de transformaciones en un mundo que ofrece la posibilidad de conocer y aprender en lugares distintos a estas instituciones. Desde hace tiempo se pueden ver en la Web plataformas dirigidas a la enseñanza en línea, de allí que las universidades deben replantearse (algunas ya lo han hecho) temas como: el propósito que las guía (misiones), certificaciones, aprendizaje personalizado, aprendizaje a distancia y flexible y un mayor uso de la tecnología.

8.1. Misiones

Las universidades de hoy y las del futuro tienen tres misiones fundamentales, como un trípode que se sostiene y se apoya en tres patas. Estas tres misiones son las siguientes:

1. **Investigar, pensar y estudiar para aumentar el campo del conocimiento humano.** Su cuerpo de profesores, estudiantes y asistentes, con el apoyo de laboratorios, salones de reuniones, anfiteatros, aulas y grandes bibliotecas, entre otros recursos, forman un gran equipo con la capacidad de estudiar y resolver los grandes desafíos que representa la vida moderna, y generar nuevas ideas y tecnologías. Las universidades del mundo cuentan en sus patrimonios con una gran cantidad de valiosas patentes y derechos de autor. La universidad es y será un espacio apropiado para pensar, cuestionar, debatir y debe estar marcada por la duda, no por los dogmas. La misma debe ser y será un gran generador de conocimientos y transmisor de cultura.

2. **Crecer en el servicio integral a la sociedad.** Es misión importantísima de las universidades del mundo formar profesionales cualificados y con alta consideración a su deber con la sociedad. Deben formar profesionales con empatía, valores y ganas de impactar y mejorar al mundo con su trabajo. El estudiante formado debe sentirse habilitado para aportar como científico, técnico —o cualquiera que sea su nuevo rol—, un beneficio que mejorará la sociedad donde ejercerá su nueva profesión. Las universidades como instituciones locales deben participar y colaborar con el desarrollo, mejoramiento de las condiciones de vida y proyectos locales, regionales, nacionales e incluso internacionales. Las universidades son un foco de desarrollo, tanto económico como de bienestar social, y deben estar envueltas en sus comunidades. Así debe ser y hacía eso van.

3. **Enseñar con miras a la innovación, la creatividad y la utilidad.** Una de las misiones de los centros de enseñanza superior es y seguirá siendo la misma: educar y preparar a los jóvenes y adultos en los conocimientos teóricos y prácticos para desempeñar una profesión

en el futuro, y ser individuos productivos, eficientes y felices en la sociedad en la que interactúan y en la que está por venir. Si es verdad que durante la Revolución Industrial los centros de enseñanza de Inglaterra, Prusia y la Unión Americana insistían en crear una masa de trabajadores calificados, disciplinados y obedientes y con esa filosofía de trabajo cubrían las necesidades que ellos tenían en esa época, las necesidades de la economía de hoy son bien diferentes. La demanda es de gente innovadora, creativa y con una curiosidad sin límites. Es importante crear profesionales capaces de concebir ideas nuevas y que sepan y puedan implementar ideas funcionales que sean de utilidad.

En el futuro, la gente estudiará en su casa o en un parque, donde se le antoje, y se reunirán en la escuela laborable, universidad o como se le quiera llamar con otros estudiantes, profesores y tutores para discutir los temas y llegar a conclusiones sobre la materia que se está aprendiendo.

Hoy se sabe que lo importante es aprender y para eso los tutores ayudarán a los estudiantes a encontrar su pasión. Exponer a los niños y jóvenes a tantas carreras, campos de conocimiento y aventuras como sea posible, facilitará y ayudará a encontrar lo que les gusta y apasiona. Es imprescindible que nosotros los adultos no les impongamos a los jóvenes nuestras viejas ideas y modos de hacer las cosas, y que comprendamos que el mundo nuevo se hace con ideas nuevas, que nos convirtamos en vehículos hacia un nuevo mundo.

El dramaturgo crítico y polemista irlandés George Bernard Shaw nos enseñó que «el progreso es imposible sin el cambio y aquellos que no puedan cambiar sus mentes no pueden cambiar nada».

En este ensayo, no propongo desechar todo el conocimiento humano acumulado por siglos de aprendizaje e investigación; sino ser abierto a nuevas ideas, métodos y aptitudes. Los que lo logren avanzarán y los que no, se quedarán rezagados, así de simple.

Cada día el ingreso y las posibilidades de recibir una educación superior o universitaria se vuelve más factible. Atrás van quedando los tiempos en que solo las élites de la sociedad, aristócratas, nobles y ricos podían beneficiarse de ella. Debido a las becas, los cambios de la tecnología y en la mentalidad de gobernantes y gobernados, la situación ha ido mejorando y la enseñanza primaria, secundaria y superior se ha ido democratizando y masificando con más o menos intensidad según la región del planeta. Esta es la dirección hacia dónde nos dirigimos.

8.2. Certificaciones

En mi opinión, las certificaciones que ofrecen las escuelas superiores que enseñan tecnología en alianzas con empresas de punta como Tesla, Google, Apple, Huawei, o Samsung, por mencionar algunas, son y serán más importantes a la hora de encontrar empleo, que el título universitario en sí mismo.

Los programas de capacitación para técnicos de servicio específico son de máxima importancia, pues las tecnologías que estudian no estaban implementadas cuando se planificaron los cursos de la mayoría de las prestigiosas universidades tradicionales.

Estos tipos de programas con sus certificaciones se seguirán implementando poco a poco en todo el mundo. Las compañías tecnológicas proporcionarán las unidades (automóviles eléctricos, trenes eléctricos, teléfonos superinteligentes, robots, etc.) más equipos, herramientas especiales, instructores y currículum. Las escuelas ofrecerán las instalaciones físicas y el conocimiento (*know how*) pedagógico y otros insumos de la enseñanza. Esta es una de las grandes tendencias de la enseñanza y que felizmente coincide con las acertadas palabras de Henry Ford cuando afirmó que: «El verdadero progreso es el que pone la tecnología al alcance de todos».

Estos programas van a transformar el significado y la utilidad de las universidades. Instituciones como «Coursera®» ofrecen gratuitamente cursos de las universidades más prestigiosas y afamadas del mundo. Las universidades del futuro se caracterizarán por una educación más online o híbrida que presencial, y darán más énfasis a la tecnología, innovación y aplicación de todas las nuevas prácticas y emprendimientos.

Los estudiantes serán mucho más independientes y eficientes. Recibirán las clases vía intranet, en la comodidad de su hogar u oficina y periódicamente se reunirán con sus compañeros, tutores y profesores para aclarar dudas y aplicar los conocimientos adquiridos y resolver problemas prácticos o teóricos.

En muy pocos años las universidades cambiarán tanto que serán casi irreconocibles para las generaciones más añejas.

Las universidades cada día estarán más involucradas en estudiar las implicaciones éticas y sociales de los efectos de la inteligencia artificial y otras tecnologías emergentes, explorar los beneficios y los retos que nos traen.

La concentración de científicos e impetuosos estudiantes llenos de energía creativa y con afán de conocimientos favorece la creación de focos de desarrollo. Las condiciones para que surjan nuevas empresas, *Startups*, que implementen y comercialicen todos estos conocimientos y descubrimientos innovadores en casi todos los campos del saber humano están dadas.

Las universidades se están convirtiendo en polos de desarrollo y son una bendición económica para las regiones cercanas a ellas y para los países en general. Un excelente ejemplo de esta situación es el Triángulo de Investigación en el estado de Carolina del Norte en la Unión Americana, en los alrededores de Duke University, University of North Carolina (UNC) Chapel Hill y North Carolina State University, la zona se ha convertido en un gran centro de enseñanza y un gran polo de desarrollo a la vez.

Las universidades aceleran las condiciones para el desarrollo económico estimulando la chispa de la creatividad y la innovación tecnológica e iluminan el campo de la tecnología responsable desde el punto de vista social.

Los profesores Nafis Alam y Graham Kendall de las universidades de Reading y Nottingham en Inglaterra, respectivamente, señalan en el artículo «The Conversation» (La conversación) que el principal motor de los avances y cambios en las universidades, además de la inteligencia artificial, son el aprendizaje personalizado, el aprendizaje a distancia y flexible y un mayor uso de la tecnología.

8.3. Aprendizaje personalizado

Ya hay muchas universidades que usan los algoritmos de inteligencia artificial para personalizar el aprendizaje de sus estudiantes. Este es un cambio significativo ya que se aleja del modo tradicional de un plan de estudios para todos.

La tendencia es que las carreras y grados vayan desapareciendo, siendo sustituidas por cursos flexibles, más parecidos a los posgrados actuales que se adaptan mejor a la compleja realidad actual.

8.4. Aprendizaje a distancia y flexible

A medida que se desarrolla la inteligencia artificial (IA) educativa, los estudiantes podrán estudiar donde quieran, cuando quieran y utilizando la plataforma que deseen, apuntan los profesores Alam y Kendal. Las clases físicas son más interactivas y gracias a las nuevas tecnologías participan estudiantes y profesores que no están presentes en el aula.

Campus inteligentes. Gracias a la tecnología, la vida en el campus cambiará mucho, pues habrá mayor supervisión en la seguridad, supervisión de la asistencia y exámenes. Será mucho más fácil monitorizar y controlar de forma automática todas las instalaciones, y la tecnología en las aulas facilitará la interacción *online* de los estudiantes.

Mejor atención al estudiante (menos burocracia). A través de la intranet universitaria los estudiantes tienen acceso directo a sus profesores, tutores, colegas y, por supuesto, a todo lo relacionado con la administración y demás dependencias de la universidad. La tendencia de las universidades del futuro será como ya lo hace, por ejemplo, la Deakin University en Australia que, en sociedad con IBM, implementa el uso de la supercomputadora «Watson» que duplica la capacidad o habilidad humana de contestar preguntas a los estudiantes. Este servicio les ofrece vasta información y conocimiento las veinticuatro horas del día y siete días a la semana, a la vez que mejoran su experiencia y les facilitan la vida; y todo esto, desde el confort de su dormitorio o casa.

8.5. Más uso de la tecnología

En todos los aspectos de las futuras universidades, el uso de las más avanzadas tecnologías facilitará el análisis del rendimiento del estudiante y sus investigaciones, pudiendo ofrecer mejores soluciones educativas. La aplicación de soluciones usando tanto la inteligencia artificial como la cadena de bloques para el reconocimiento automático de créditos y oportunidades de aprendizaje en otras universidades, será cada día más común.

Esta herramienta servirá para mejorar la protección de la propiedad intelectual y está llamada a transformar la manera de operar de las universidades y también aumentará el impacto en el campo de la investigación académica. En mi opinión, la tecnología aplicada en la universidad será imprescindible junto a la calidad de la enseñanza para que las universidades puedan mantener su liderazgo en la innovación y sus alumnos puedan desarrollar en pleno su creatividad y potencial.

9

Teléfonos inteligentes

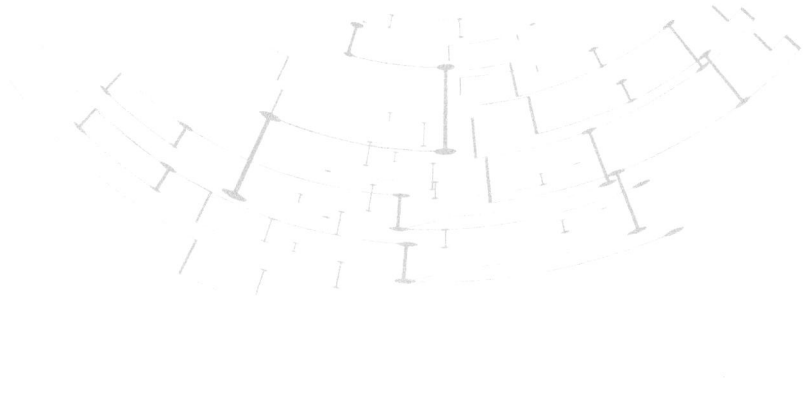

El 10 de marzo de 1876 el gran inventor Alexander Graham Bell llamó a su ayudante Tomas Watson, que estaba en otra habitación, y usando por primera vez en la historia un teléfono alámbrico le ordenó que viniera a su habitación para asistirlo.

Mucho ha llovido desde la llamada famosa de Bell a Watson en 1876. La tecnología ha cambiado la telefonía. Hoy, el uso de los teléfonos inteligentes se ha vuelto viral y ya hay más de un millardo (mil millones) en uso y cada día más.

El teléfono inteligente es un pequeño ordenador con funciones de un teléfono móvil con una gran capacidad de almacenamiento de datos y puede realizar actividades semejantes a una computadora y con mayor conectividad que un teléfono fijo. El término inteligente hace referencia a la posibilidad de usarse como una computadora de bolsillo. Permite enviar y recibir correos electrónicos —una gran ventaja y una característica muy apreciada— y con las múltiples «Apps» (abreviatura en inglés para el término aplicación) adicionales que se pueden instalar actualmente es posible manejar cuentas bancarias, solicitar diversos servicios (pedir comida a domicilio, taxis, etc.), recibir noticias y, por supuesto, comunicarse al otro lado del planeta, sin dificultad y sin grandes costos, con aplicaciones como Wassap, o Telegram, por ejemplo.

Los teléfonos inteligentes con pantallas táctiles comenzaron a fabricarse en 1993 (ver Simón, capítulo 2). A partir del año 2002 empezó a popularizarse el teléfono inteligente en Japón con la introducción del «Danger Hiptop» y ya para el 2006 empezó el uso masivo del Black Berry en los Estados Unidos y Nokia en Europa. Para el 2010 el Symbian de Nokia era el sistema operativo (SO) para teléfonos inteligentes más usado en el mundo. Este sistema operativo ya está descontinuado.

Paralelo a todos estos movimientos se estaban desarrollando dos sistemas operativos clave y funcionales en el mundo, Apple y Android. Estos dos sistemas ganaban cada vez más fuerza y popularidad a lo largo del mundo. Hoy por hoy, son los dos sistemas que más han evolucionado y progresado desde el 2010 hasta la actualidad.

Las materias primas que se usan en la fabricación de los teléfonos son: oro, aluminio, estaño, tungsteno, tantalio, cobalto, cobre, galio, indio y plata.

Las marcas más vendidas en el mundo son Huawei, Samsung y Apple, claro está, las posiciones van cambiando y la tendencia favorece a los asiáticos en esta era, pues su población, tanto como su vocación, es enorme.

Los teléfonos inteligentes nos permiten hacer muchas cosas de una manera rápida y eficiente, lo que aumenta la productividad en nuestras arcas de empleo y también en nuestra vida personal. Ya el hecho de estar en un tapón o embotellamiento en la carretera no es sinónimo de estar desconectado dejando de ser productivo. Desde infinidad de lugares, gracias a estos dispositivos, estamos conectados a nuestros equipos en la empresa, nuestros hogares, jefaturas etc. Gracias a estos aparatos podemos pedir ayuda en caso de urgencias médicas al instante y así se han salvado millones de vida en el mundo entero.

Los teléfonos inteligentes se pueden conectar vía Bluetooth con el sistema de audio en los automóviles lo cual nos permiten conversar y conducir en el formato de manos libres disfrutar de nuestra música favorita programada en el móvil y otras funciones como «Waze» «Google Maps», etc.

Ya la «IA» está permeando la telefonía y los teléfonos inteligentes usan inteligencia basada en algoritmos para ayudar a pensar y decidir cuál será de antemano la ruta y preferencia de su dueño, ahorrándole tiempo al operador. Esta capacidad permite al teléfono inteligente poder hacer más funciones con nuevas aplicaciones que se crean a diario; ya no es solo calculadora, linterna, calendario, brújulas, notas, transmisión de mensajes de texto, correos electrónicos (e-mails), y conectarse a internet.

Hoy se hacen más fotos con los teléfonos inteligentes que con cámaras fotográficas. Cada persona armada con estos dispositivos es un corresponsal de prensa en potencia y este hecho tiene unas implicaciones enormes en la sociedad, muchas atrocidades y heroicidades han quedado plasmadas en fotos y videos gracias a los millones de teléfonos inteligentes en manos de voluntarios y reporteros en todo el mundo.

En un futuro no muy lejano los teléfonos inteligentes se cargarán con el sonido de nuestra voz, música o ruido de fondo. En este sentido un grupo de científicos de la universidad Queen Mary de Londres, junto con la compañía Nokia, trabajan investigando esta posibilidad. Me temo que el tiempo de los cargadores tradicionales de teléfonos es finito.

Según indicó el investigador Dr. Joe Briscoe a la Huffington Post, «ser capaz de que los dispositivos móviles trabajen durante más tiempo o terminar con los cargadores para siempre, aprovechando la energía sónica perdida que está a nuestro alrededor, es un concepto emocionante». Los científicos coreanos desde el 2011 tuvieron la idea de usar la energía sónica, pero es al final de la década que universidades y compañías grandes están involucradas en este empeño.

Las funciones y aplicaciones de los teléfonos inteligentes son muchas y muy variadas. Veamos algunas que nos resultan interesantes:

- Mide distancias: esta función se obtiene con la App «Size up», y, como arte de magia, nuestro dispositivo se convierte en una cinta métrica superexacta.
- Prueba las baterías del control remoto.
- Controla el teléfono sin tocarlo: si no quieres ensuciar el móvil, tocándolo, puedes activar la función «wave control» solo haciendo un movimiento sobre este.
- Envía textos desde tu PC usando «Mightytext»
- Toma mejores decisiones usando «Decisión Crafting» o «Choice Map»
- Mantiene más seguro al usando la aplicación «Safe», el teléfono automáticamente llamará a la policía y los contactos de familiares y amigos que previamente escogimos.

La lista de usos es enorme y cada día se inventan nuevas y muy útiles aplicaciones para hacernos la vida más fácil segura y placentera.

9.1. Redes de quinta generación (5G)

Tecnologías de comunicación móvil de quinta generación. Llamamos en la terminología de las telecomunicaciones 5G a la sucesora de la tecnología 4G. Las redes de quinta generación (5G) están actualmente en desarrollo y saldrán al mercado a comienzos del 2020 (Gemalto, 2019). Si la primera generación (1G) nos trajo la comunicación inalámbrica de voz, la segunda generación (2G) con su velocidad de 0.1 Megabytes (MBs) nos dio la oportunidad de enviar mensajes de texto SMS en 1991. La tercera generación (3G), con una velocidad de 0.1 a 8 MBs nos permitió hacer todo lo que la segunda, pero más rápido y además conectarnos con el internet, esta bendición la logramos en 1998.

Diez años después, o sea en el 2008, se pudo desplegar la tecnología de cuarta generación (4G) con sus 15 MBs, utilizando el *carrier agregation* o agregación de portadores que permitió el aumento de anchura de banda que consiste en el empleo de muchas frecuencias simultáneas para transportar la información en mayor cantidad y velocidad. La agregación de portadores fue la clave de la tecnología 4G que nos permitió la transmisión de videos con gran facilidad (Maldonado, n.d.).

Ya para 2019 se empezó a instalar entre nosotros la tecnología 5G, que no es más que el desarrollo continuado y perfeccionado de la ya popular 4G. La tecnología de quinta generación usa bandas de frecuencia milimétricas (las más altas 28 GHz/39 GHz) que tienen ancho de banda muy superior a las actuales. Esta tecnología ofrece gran velocidad a cada terminal evitando problemas que en la actualidad se producen en grandes aglomeraciones. Se espera alcanzar de 5 a 10 gigabyte por segundo, una cifra de 8 a 10, superior a la que ofrecen hoy las redes más avanzadas. La velocidad de respuesta o latencia será otro de los cambios fundamentales de la quinta generación.

El uso del 5G será fundamental en el desarrollo de muchas industrias del futuro, tales como:

- El automóvil autónomo.
- Telecontrol industrial.
- Nuevos y más precisos y destructivos armamentos.

Se cree que el país y las compañías que obtengan la supremacía de esta tecnología definirán la infraestructura que usaremos la próxima década. La instalación de la tecnología inalámbrica 5G requiere una gran inversión, por lo que es más fácil y factible implementarla en naciones relativamente pequeñas como Singapur o Corea del Sur, que en naciones grandes. En el caso de países grandes las compañías de telecomunicaciones están concentrándose en instalar estas redes en las grandes ciudades primero y poco a poco en el resto del país. Las naciones muy extensas, como Canadá, EE. UU., Brasil o Rusia, tardarán muchos años en tener una verdadera red nacional 5G.

No menciono a China pues el caso es diferente, ellos lograron establecer el primer sistema nacional de trenes de alta velocidad de un país grande en un plazo relativamente corto. La inversión fue enorme, no solo de dinero, sino de conocimiento *(Know how)*. Los retos de la geografía eran impresionantes, instalar líneas férreas de alta velocidad sobre grandes ríos, a través de montañas y por distancias enormes para llegar a la meseta del Tíbet, etc. Corea del Sur y Singapur ya inauguraron en 2019 la primera Red Nacional 5G del mundo, apostaría que China será el primer país grande en terminar la de ellos.

9.2. El tiempo dirá

Los fabricantes de teléfonos móviles se están apresurando para mercadear sus versiones compatibles con 5G como el Galaxy S10 de Samsung, el V50 ThinQ de la compañía surcoreana LG y el Apple II.

La transmisión y recepción de muchísimos datos en muy poco tiempo hace posible, por ejemplo, descargar la temporada íntegra de una serie en unos cinco minutos y una latencia (capacidad y tiempo de respuesta) mucho menor.

Se pueden crear plataformas de video para ver de manera simultánea en *streaming* las partidas de cinco usuarios jugando a un video juego o «un simulador de citas» que emplea la realidad virtual.

Un operador agroindustrial podrá operar varias máquinas al mismo tiempo. Las redes 5G facilitarán, con su amplitud de manejo de datos y una menor latencia, el uso masivo de vehículos autónomos. En el futuro se podrán transmitir datos cincuenta a cien veces más rápido que en las actuales redes, multiplicando servicios para usuarios y posibilidades de negocio. Los avances en la tecnología son tan cotidianos y numerosos que poco a poco vamos perdiendo la sensación de asombro. Ya nos estamos acostumbrando a ellos y no nos impacta su velocidad. Esta es nuestra nueva realidad.

10

El futuro y la agricultura

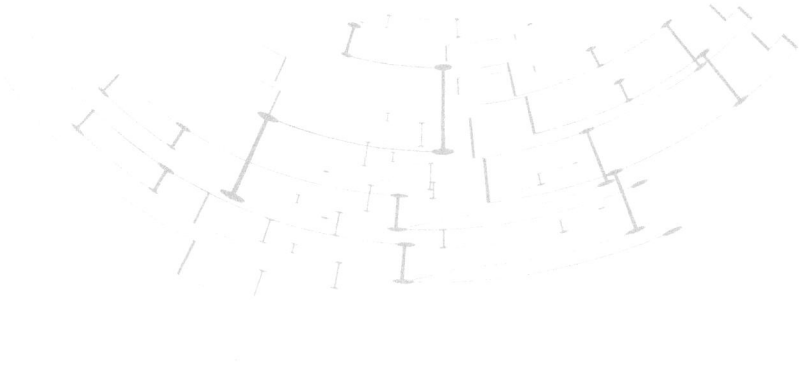

La Organización de las Naciones Unidas para la Alimentación y la Agricultura (FAO) estima que nuestro planeta estará habitado por aproximadamente 9700 millones de personas en el año 2050 (FAO: 2009). Estas proyecciones muestran que, para alimentar a esa población mundial, es necesario aumentar la producción de alimentos cerca de un 70% y fomentar cambios en la dieta y costumbres alimenticias.

Este futuro de crecimiento poblacional y las condiciones de producción agrícola que se siguen, en la actualidad, en muchos países nos colocan ante los siguientes retos:

- Cambio climático y ciclos de cultivo
- Reducción de las superficies cultivables
- Población en crecimiento
- Necesidad de usar procesos productivos más sostenibles
- Poner fin al hambre y todas las formas de desnutrición

10.1 Cambio climático y ciclos de cultivo

Hay que estar conscientes de que la agricultura es uno de los factores causantes del cambio climático, pero también es uno de los sectores productivos más afectados por este mal. Los desastres naturales causados o intensificados por el cambio climático afectan al sector agrícola en un porcentaje enorme, alrededor de un 26% según Alejandra Ramírez (Ramírez: 2018) o hasta un 39% según artículo en el diario digital español *ABC* (Nates, 2017).

Los cambios en el clima repercuten en ciclos de sequía más frecuentes, inundaciones, heladas o granizadas imprevistas. Esto ha obligado a los productores agrícolas a cambiar sus cultivos o a cambiar los ciclos de siembra de los mismos; estas modificaciones en los tiempos de cultivo inciden en el solapamiento de las cosechas, o ausencia de ellas, provocando exceso de ofertas y caída de los precios; o déficits en el mercado y costos elevados. Para enfrentar estas situaciones deben utilizarse nuevas tecnologías, de las que ya disponemos, y, como señalábamos, adquirir nuevas costumbres alimenticias.

10.2 Reducción de las superficies cultivables

Cada año se pierden grandes cantidades de valiosas tierras cultivables en el mundo debido a factores como las sequías, inundaciones, calor extremo, salinización, erosión o urbanización. Para darnos una idea de estos daños, la FAO (2015) nos informa que solo «La erosión se lleva de 25 a 40 000 millones de toneladas de la capa arable del suelo» anualmente. Sin embargo, en la actualidad hay muchas soluciones para mitigar los efectos de esa reducción y aumentar la producción de alimentos; para ejemplificar:

- Fertilizantes de última generación, que aumentan la producción y disminuyen la huella de carbono.
- Riego por goteo, que ahorra mucha agua y conquista nuevas áreas cultivables.

- Nuevas técnicas que reducen las fluctuaciones de temperatura en la superficie del terreno.
- Mejores semillas de variedades más resistentes al calor, inundaciones, frío o plagas.

Para lograr la meta de alimentar a la población que se espera para los años venideros, la idea es alcanzar rendimientos cada vez mayores en la tierra cultivable disponible, aprovechando toda la tecnología de la que se dispone.

10.3 Población en crecimiento: proyección para el 2050

¡¡¡La FAO predice que 9.7 mil millones de seres humanos viviremos en el planeta Tierra (planeta A) hasta ahora no tenemos (planeta B) donde mudarnos!!!

Con estas proyecciones de crecimiento poblacional se evidencia que no solo tendremos que aumentar nuestra producción de alimentos, sino también cambiar drásticamente lo que consumimos.

Con respecto a la producción de vegetales tenemos que seguir el liderazgo de los Países Bajos (Holanda) que, a pesar de ser una nación muy pequeña, es la primera productora y exportadora de tomates del mundo (mucho más que Italia) a pesar del frío y su escasa geografía. No hay que tener mucha imaginación; si Rusia, Brasil o Angola, con sus grandes extensiones geográficas, deciden implementar estos conocimientos y tecnologías no habrá límites en la producción de vegetales.

No obstante, para el consumo de alimentos ricos en proteínas hay que ir cambiando los hábitos de billones de personas que en su cultura culinaria prefieren el consumo de carne de res, por otras carnes y productos altos en proteína que producen una menor huella ecológica en el planeta.

Se debe considerar que la industria cárnica bovina ocasiona graves daños al medioambiente: tiene una alta producción de gas metano, promueve la tala de bosques para sembrar pastos y resulta muy poco eficiente en la transformación vegetal-proteína, por ello es deseable promover el consumo de los insectos y sus derivados —en casi todas las antiguas culturas los insectos fueron parte importantísima de la alimentación popular—, así como la ingesta de proteína vegetal.

Los insectos están en todas partes, se reproducen rápidamente, poseen tasas elevadas de crecimiento y conversión a piensos, tienen un reducido impacto ambiental durante su ciclo de vida y son nutritivos, ya que poseen niveles elevados de proteínas, grasas y minerales. Termitas voladoras en Ghana, orugas de polillas gigantes en Australia, hormigas en Colombia o grillos en Vietnam son, entre otros, tradicionales aportadores de proteínas.

Según la FAO, la entomofagia (consumo de insectos por los seres humanos) complementa actualmente la dieta de 2000 millones de personas y proporciona grandes ventajas ambientales, beneficios a la salud y beneficios para el medio social y los medios de vida; se trata de un hábito que siempre ha estado presente en la conducta alimentaria de la humanidad.

Es también recomendable el uso de materia prima vegetal como sustituto de la carne, como las semillas de soja y la ya popular «leche de soja».

Con el famoso «tofu», piedra angular del vegetarianismo y veganismo, también conocido como «queso de soja» —pues es alto en proteínas y bajo en grasas—, se preparan en reconocidos restaurantes de Madrid sabrosos platillos.

Imagen 6.5: Escamoles

La alta cocina mexicana nos ofrece los exquisitos «escamoles» que son considerados el «caviar azteca»; son grandes huevos de hormigas de la especie *Liometopum apicultum* asociados con el maguey (véase imagen 6.5). Su sabor delicado (nueces y mantequilla) lo hace un manjar muy caro y apetecible.

Otro ejemplo de la adquisición de costumbres alimenticias a favor del planeta nos la brindan dos grandes cadenas de restaurantes norteamericanas: McDonald's y Burger King ofrecen con mucho éxito versiones de sus famosas hamburguesas, pero vegetarianas. Llegará el momento en el que comer carne de res sea un lujo, como consumir caviar o trufas hoy en día.

Después del 2050 la población mundial se estabilizará. Esta es la tendencia natural del desarrollo. Al igual que Japón, Europa y la Unión Americana, donde el crecimiento poblacional es casi nulo o incluso decrece, así le pasará al mundo cuando todos seamos «desarrollados».

10.4 Necesidad de usar procesos productivos más sostenibles

En el tema de procesos productivos sostenibles debemos seguir el ejemplo de naciones como Los Países Bajos (Holanda), Israel y Nueva Zelanda, este último siendo de poca extensión y muy lejano a sus mercados, es el líder exportador de productos lácteos y carne de cordero.

Siendo estos países relativamente pequeños, son muy conscientes de cuidar y optimizar su escasa geografía. Y como ellos, todos nosotros, debemos estar al tanto de que los recursos del planeta son limitados y benditos y que hay que cuidarlos y aprender a querer a la «Pachamama». Para lograr esto todos debemos aplicar la tecnología que tenemos ya a nuestro alcance y entre las que podemos mencionar:

10.4.1 La Agricultura de Precisión

La Agricultura de Precisión (AP) se basa en la información electrónica y tecnológica de las comunicaciones e Inteligencia Artificial (IA).

Cuando se usa esta nueva versión de la agricultura, en vez de aplicar las soluciones convencionales, como mecanización motorizada, con todo el «desastre» que esto conlleva —cortar árboles, remover rocas, reubicar poblados y hasta desviar arroyos, más la aplicación masiva de plaguicidas y fertilizantes que tanto dañan el medio ambiente— la AP ofrece alternativas más sostenibles y efectivas.

Un ejemplo de ello es la aplicación de microdosis de fertilizantes y de microdosis de plaguicidas. La aspersión puntual con la ayuda de drones puede reducir drásticamente el uso de químicos agrícolas. Con el uso de robots se puede cultivar de manera más eficiente alrededor de obstáculos como rocas o árboles y, con ello, hacer más productivo cualquier terreno.

Se ha pronosticado que la granja del futuro aumentará la productividad de los campos de cultivos y reducirá los efectos adversos (como daños ambientales) de los mismos. La Agricultura de Precisión le permitiría a cada país poder satisfacer las necesidades de sus ciudadanos y reducir al mismo tiempo las importaciones de alimentos.

Los beneficios de la AP son:
- Reducción de costos
- Menos dependencia del trabajo manual
- El uso de tecnología duplicará el rendimiento de los cultivos
- Mejorará la economía de los países donde se implante
- Mayor protección del medioambiente

10.4.2 La permacultura

La permacultura es un sistema de diseño integral basado en varias ciencias que procuran satisfacer las necesidades humanas sin destruir, contaminar o agotar los recursos naturales (véase imagen 6.6). Su nombre tiene dos significados, agricultura permanente (sustentable) y cultura permanente (sustentable).

Imagen 6.5: Permacultura

Este doble significado refleja la filosofía de la permacultura: fomentar una agricultura sustentable y vivir bajo una cultura sustentable. En otras palabras, una agricultura ecológicamente sana y económicamente viable.

Con este sistema de diseños del desarrollo agricultor se pretende maximizar los recursos disponibles, sin agotarlos ni contaminar el medioambiente, para alcanzar la mayor autosuficiencia posible.

En la permacultura se estimula el uso intensivo de espacios y recursos, el aprovechamiento máximo de los desperdicios y se promueve la autolimitación del consumo humano tratando de disminuir en lo posible nuestra huella ecológica.

Un hábitat diseñado según estos principios es en el que se combina la forma de vivir de los seres humanos con la de las plantas y animales de una manera beneficiosa y respetuosa, para satisfacer las necesidades de todos de una forma adecuada.

La permacultura tiene una ética, que es:

• Cuidar la tierra.

• Cuidar a la gente.

• Manejo justo de recursos.

• Valor intrínseco de las cosas. Por ejemplo, el valor de un árbol no es igual al precio de su madera, sino de todo lo que ese árbol significa con sus diversos servicios al planeta: mejora los suelos, protege a pequeños animales, produce oxígeno, etc.

La filosofía de la permacultura es fluir con la naturaleza en vez de subyugarla. Siempre valorando la diversidad, policultura y aprovechamiento de los espacios y funciones para crear sistemas independientes.

Es muy importante señalar que tenemos que cambiar la creencia de que nosotros (los humanos) estamos por arriba de todo y que la naturaleza está para servirnos o hacer lo que se nos antoje con ella. Si queremos sobrevivir como especie y evitar una catástrofe ecológica debemos ser respetuosos con el planeta, o simplemente el planeta nos va a expectorar y a deshacerse de nosotros por ser tan tóxicos.

10.4.3 El uso del agua en la agricultura

Nuestro planeta visto desde el espacio es azul. Es el agua el elemento más abundante y también necesario a la vida en la tierra.

La falta de agua limpia y potable en muchas zonas del planeta es el problema que tenemos que resolver. Este es el desafío.

La tecnología de procesar las aguas contaminadas y plantas desalinadoras existe. El reto es hacerlo de una manera económicamente factible y eso se está logrando de dos formas.

• Abaratando los procesos

• Abaratando la energía que usan esos procesos

El uso de embalses y represas —ya sean pequeñas, medianas, grandes o gigantescas— es fundamental para controlar las crecidas repentinas de los ríos y obtener el preciado líquido en cantidades sustanciales para la piscicultura, recreo, regadío agrícola y consumo humano (véase imagen 6.3).

La construcción de las represas y embalses no es monopolio de los seres humanos; los castores y otros mamíferos construyen represas. ¡Claro está!, somos nosotros los que más construimos y más uso les damos.

La producción de energía eléctrica limpia y renovable, más el uso masivo de sus aguas para los regadíos son de gran importancia en la producción de alimentos en muchos países del mundo. Ojo, los embalses, canalizaciones y trasvases son una excelente oportunidad de desarrollo y riqueza agrícola.

Al usar esta tecnología es importante ser cuidadosos con el medioambiente para minimizar los daños al mismo en la construcción de la obra y maximizar todos sus beneficios, que son muchos.

10.5 Poner fin al hambre y todas las formas de desnutrición

Con la información que hemos aportado anteriormente sobre los procesos productivos sostenibles podremos tener seguridad alimentaria, incluso cuando la población crezca; también es necesario el desarrollo de nuevas formas de producción de alimentos y el cambio de hábitos de consumo, como las que mencionaremos a continuación.

10.5.1 La agricultura urbana

La agricultura urbana utiliza los espacios a escala reducida disponibles en la ciudad, como solares yermos, techos de casas y edificios y paredes; ofrece la producción de alimentos frescos, reciclaje de residuos urbanos, crea empleos, crea cinturones verdes y embellece el entorno a la vez que alimenta a los vecinos.

Es importante destacar la posibilidad y uso actual de la agricultura vertical para la optimización de los espacios disponibles donde sembrar tanto plantas ornamentales como comestibles.

10.5.1 La agricultura hidropónica

Este es el método que utiliza disoluciones minerales en vez de suelo agrícola para cultivar plantas. Las raíces reciben los nutrientes disueltos en el agua con los elementos químicos esenciales para el desarrollo de las plantas, que pueden crecer en una solución acuosa únicamente, o bien en un medio inerte como arena lavada, grava, semillas de durazno, musgo, turba, arcilla, entre otros.

Actualmente, esta actividad está alcanzando un gran auge en los países donde las condiciones para la agricultura tradicional resultan adversas. Combinando la hidroponía con un buen manejo del «invernadero» se logran rendimientos muy superiores a los que se obtienen a cielo abierto.

Con las nuevas tecnologías se ha ido abaratando la producción de energía y con ella la producción de agua potable en abundancia. Este hecho hace posible la puesta en producción de terrenos que antes se consideraban estériles.

El empleo de alta tecnología en la producción de energía renovable y el reciclaje de aguas residuales más el uso de variedades resistentes al agua salina han producido un milagro en el desierto; este milagro es «El Jardín del Edén de Israel» y se llama Neguev.

¡¡¡Regadío por goteo, tecnología con las características de fácil implementación en países en desarrollo y gran vocación de compartir y ayudar a países que quieran coexistir, progresar y aplicar nuevas tecnologías!!!

Esto es solo un ejemplo de lo que un pueblo ingenioso y emprendedor puede hacer en un país con 60% de desierto y un clima seco y cálido.

10.5.2 El aprovechamiento de algas marinas

El fomento de la alguicultura (así se denomina el cultivo de las algas marinas) está revolucionando a la acuicultura y al mundo (véase imagen 6.7). Se clasifican en dos tipos: macroalgas y microalgas y sus beneficios son destacables.

El cultivo de algas marinas aumenta y promueve el consumo de CO^2, libera oxígeno, limpia las aguas y aumenta la biodiversidad local creando un rico ecosistema. No necesitan pesticidas ni agua de riego, crecen más rápido que cualquier planta de tierra y su cultivo controlado es estable, sostenible y muy productivo; de ello se obtiene una mejor calidad que la cosecha del alga silvestre.

China es el principal productor de algas marinas comestibles, con unos seis millones de toneladas actualmente. Junto a Japón e Indonesia producen el 80% de las algas comestibles del mundo. La República de Corea del Sur produce unas 800 000 toneladas de algas comestibles. En Europa son Francia, Irlanda y España los productores de algas.

Las algas marinas son una buena fuente de elementos nutritivos como proteínas, vitaminas, minerales y fibra dietética. Si se comparan las algas con vegetales terrestres, estas poseen más propiedades beneficiosas para la salud. Las algas sintetizan diversos metabolitos secundarios que presentan actividad antioxidante, antinflamatoria, anticancerígena y antidiabética. A esta excelente alternativa también se le llama «las verduras del mar».

Imagen 6.7: Alguicultura

Japón y China son los mayores consumidores de algas en el mundo, otros países donde se consumen son Corea, Escocia, Chile, Filipinas, EE. UU., Malasia, Indonesia, Singapur y Sri Lanka.

Las algas marinas se usan también como:
- Harina (un aditivo para piensos).
- Fertilizantes: en el uso de la agricultura orgánica, sobre todo en la producción de frutas, hortalizas y flores.
- Cosméticos: en las etiquetas de muchas cremas y lociones se señala que contienen «extracto marino» o «extracto de algas». Normalmente esto significa que se ha añadido uno de los hidrocoloides extraídos de las algas que ayudan a la retención de la humedad en la piel. Las algas marinas tienen significativas cualidades nutritivas, estimulantes, hidratantes, tónicas y reconstituyentes. Por estas propiedades son altamente usadas en la industria de cosméticos.
- Comestibles: las algas marinas aportan diez veces más minerales —como el hierro, yodo, calcio, potasio y magnesio— que las algas terrestres y su contenido en grasa es muy bajo. Existen muchos tipos de algas marinas comestibles, las más populares son: Arame, Iriki, Kombu, Nori y Agar-Agar.

El consumo de las algas marinas es muy antiguo; los celtas, vikingos, romanos y otros pueblos consumían algas, pero son los chinos y japoneses los que desarrollan más su potencial médico y culinario. Sze Tzu, un famoso escritor chino del siglo VI a.C., decía: «Las algas son delicadezas apropiadas para el más honorable de los invitados».

Está comprobado que la gente vive más y mejor en las áreas del mundo donde se consumen algas en abundancia.

En la actualidad las algas marinas se usan en la producción de combustible, alimentos, cosméticos, tratamiento de aguas residuales, fertilizantes, medicamentos (agentes antivirales) etc. La lista es larga y la esperanza es mucha.

Como vemos, con el uso de la IA, más tecnología y sensatez, podremos alimentar a la población del 2030 y también la del 2050. Los recursos que poseemos son muchos, optimizarlos, ser proactivos y emprendedores es nuestro deber.

La mente humana tiene una capacidad enorme. El reto es estimularla e implementar las tantas ideas maravillosas que se van generando.

11

Transporte del futuro

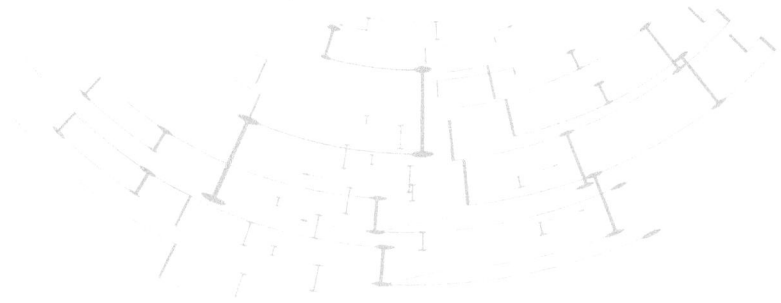

La capacidad de la raza humana de desplazarse geográficamente es una propiedad vital para poder sobrevivir y progresar. En el inicio de la existencia fue en las cercanías de los más primitivos asentamientos, después un poco más allá, el próximo valle, el otro río, aquella montaña que se ve en la lejanía. Nuestra vocación de explorar y viajar es infinita. Desde la cueva más profunda al espacio sideral, nuestra sed no se apaga, siempre un poco más en busca de la novedad y disfrutando la aventura. Dentro de nuestro ADN está programado este sentir y actuar como parte de nuestra herencia ancestral.

Al progreso y a la tecnología no los detiene nadie. Herbert Spencer, filósofo británico (1820-1903) escribió: «El progreso no es un accidente, es una necesidad, una parte de la naturaleza», y tiene razón, seguimos desarrollándonos e imaginando los descubrimientos e invenciones del porvenir. Acerquémonos, entonces, a lo que pasará con el transporte del futuro inmediato y un poco más allá, en el tiempo venidero.

En la actualidad se pretende lograr el desarrollo de medios de transporte que sean seguros, limpios, rápidos, cómodos, agradables, económicos y ecológicos. ¡Menuda tarea! Veamos qué está pasando y hacia dónde vamos en este fascinante campo del transporte humano.

Transporte público

Todo indica que la tendencia al transporte público, debido a los grandes beneficios sociales y las muchas prestaciones que pueden disfrutar los usuarios, está aquí para quedarse. Que no quede la menor duda, el transporte público es y será el principal modo de desplazamiento en el futuro para la mayoría de la población mundial. Siempre habrá otras opciones, pero definitivamente es el transporte público, como sistema integral de medios de movilización de uso generalizado con sus enormes beneficios, el que será el primordial medio de desplazamiento. Veamos algunas de sus principales ventajas:

- Es más eficiente transportando personas por kilómetro lineal y el ahorro al pasajero y al país es sustancial, especialmente para aquellos que ya no tendrán que pagar mensualidades del auto (vehículo personal), estacionamiento, seguros, mantenimiento, combustible, etc.
- Es más sano e induce el aumento de la actividad física, al mismo tiempo que reduce el estrés, la obesidad y otros problemas relacionados con la falta de ejercicios.
- Disminuye los accidentes de tránsito.
- Reduce la contaminación sonora.
- Ofrece una alternativa más ecológica pues el uso de motores eléctricos, en vez de motores de combustión interna, es de gran beneficio al planeta.
- Los usuarios del transporte público pueden trabajar mientras se trasladan, pues están conectados a las redes, usar sus teléfonos y computadoras, comer o leer un buen libro, como este, y aprovechar mejor su tiempo.

- Cuando se viaja en transporte público se puede disfrutar más el paisaje ya sea campestre o urbano, pues la responsabilidad de conducir no es suya.

La lista de las ventajas del transporte público es enorme y sus desventajas cada día se van eliminando al aumentar la privacidad, velocidad y confort de esta modalidad para el desplazamiento humano.

Trenes de alta velocidad o trenes bala

Este medio de transporte es una de las grandes apuestas de la humanidad en el presente y de cara al futuro. Se considera un tren de alta velocidad cuando este se desplaza a más de 200 km/h en líneas férreas reformadas o 250 km/h en líneas nuevas.

Los trenes bala alivian la congestión del tráfico aéreo, fluvial y por carretera. A la vez que reducen los costos del transporte y disminuyen la contaminación ambiental.

Esta probada tecnología ya está madura y su aplicación y desarrollo cada día se incrementa ya que ofrece un transporte seguro, confortable, superrápido, y la posibilidad de tener las estaciones y terminales dentro de las ciudades (en gran contraste con los aeropuertos) y conectadas a los trenes urbanos y sistemas subterráneos (metro) en las estaciones para intercambio de rutas; ahorrándoles así a los pasajeros todo el tiempo que toma dirigirse a los casi siempre lejanos aeropuertos y pasar las largas líneas y puntos de control de seguridad y verificación de documentos.

Los países con más desarrollo y uso de los trenes bala son China, España, Japón, Francia, Corea del Sur, Alemania e Italia.

Es interesante destacar que el primer tren comercial de alta velocidad fue inaugurado en 1939 en Italia, el «Elettro Treno 200» que alcanzó una velocidad de 204 km/h; toda una proeza para la época.

Por ser los trenes eléctricos de alta velocidad tan eficaces, silenciosos, limpios, ecológicos y seguros, su empleo se va esparciendo por casi todo el planeta.

China está a la cabeza con alrededor de 30 000 km instalados y su apuesta a este medio de transporte es total. Europa, África y el resto de Asia han apostado e invertido miles de millones de dólares en esta tecnología. Solo la ausencia de EE. UU. y Suramérica es significativa y evita que se le pueda llamar «global» a esta tecnología.

China tiene instalada la 1ª línea comercial de trenes de levitación magnética, «Maglev», que desde el año 2004 une al moderno aeropuerto de Pudong con una estación del metro de Shanghái a 30 km de distancia. La travesía solo toma 8 minutos.

La levitación magnética es el método de mantener un objeto a flote mediante la acción de un campo magnético. Esta tecnología se vislumbra como la dominante para el porvenir, pues al no haber ruedas, ni fricción, se abarata por el ahorro en el consumo de energía. El silencio, baja vibración, seguridad y rapidez (hasta 600 km/h) son características que la hacen impresionante.

Hyperloop y loop

Se trata de un nuevo concepto de colocar un tren «Maglev» (levitación magnética) dentro de un tubo al vacío, con lo que se logra, gracias a no tener la resistencia del aire, alcanzar alrededor de 1000 km/h y transportar tanto trenes o cápsulas con pasajeros o mercancías de un extremo del tubo al otro a gran velocidad, gracias a múltiples motores eléctricos instalados en la vía, lo que hace que el vehículo (tren o cápsula) sean muy ligeros (véase imagen 6.8).

El primer prototipo ya está funcionando en Las Vegas, Nevada, EE. UU., construido por Tesla y el fundador de SpaceX, Elon Musk.

Este concepto en realidad no es nuevo, la idea del transporte por un tubo ha existido por bastante tiempo. A mediados del siglo XIX el ingeniero británico Isambard Kingdom Brunel experimentó con el uso del aire comprimido para transportar vagones a mayor velocidad.

Imagen 6.8: Hiperloop

Vehículos autónomos

Como bien describe su nombre, estos vehículos son capaces de autoconducirse usando el internet de las cosas (en inglés, *Internet of things*, abreviado IoT). Esto no es más que la combinación de la IA con la tecnología GPS y los avances en la automatización y la robótica. La aparición desde el año 2018 de autobuses en Suecia que no requieren un conductor para ser guiados y la aparición de autos y *pods* autónomos en el mundo, va a interrumpir y distorsionar el funcionamiento de muchas industrias.

Ser propietario de un vehículo será innecesario, con solo llamar a un número de teléfono un vehículo se presentará en su localidad y lo conducirá a su destino. Adiós a los estacionamientos caros, gastos de mantenimiento, licencias de conducción, seguros, letras de pagos, etc. Solo se paga por la distancia recorrida de su transporte.

La posibilidad de trabajar, relajarse, tener un romance o una refriega amorosa en un vehículo silencioso, seguro y elegante, que se conduce él solo, es provocadora e indudablemente novedosa.

Esta tecnología cambiará cómo funcionan y lucen nuestras ciudades pues se necesitarán de 90% a 95% menos automóviles.

Los estacionamientos actuales serán usados para otros menesteres como parques, áreas verdes o deportivas, entre otros.

Nuestros hijos no tendrán licencia de conducción ni automóviles propios. Así de simple, más de 1.2 millones de personas mueren alrededor del mundo en accidentes de automóviles y autobuses todos los años. Se calcula que los vehículos autónomos reducirán estas cifras a un 20%, lo que salvaría alrededor de un millón de personas anualmente.

Esta tecnología tendrá profundas repercusiones en industrias como las de fabricación de automóviles, compañías de seguros y bienes raíces, etc.

Sky Train. Cápsulas voladoras

Estas cápsulas o vagones de pasajeros colgarán de rieles plantados en lo alto de las ciudades y sus estaciones serán de fácil acceso a la población (véase imagen 6.9).

El concepto es: en vez de perder horas en el tráfico, se pasa por encima de él, no importa cuán congestionado esté.

El Sky Train es una cápsula voladora que se desplaza en un monorraíl autónomo diseñado para flotar encima de las calles y carreteras a una velocidad de hasta 200 km/h. Lo que convertirá un viaje de automóvil de una hora en uno de 5 minutos dentro de

Imagen 6.9: Sky Train

las grandes ciudades más congestionadas del mundo por su gran tráfico de vehículos convencionales, como la ciudad de Lagos en Nigeria, Ciudad de México o Nueva Delhi, por mencionar algunas.

La construcción de estos sistemas es mucho más económica que los antiguos subways o metros y les permitiría a los ciudadanos aumentar su productividad pues no pasarán horas atrapados en el tráfico de las grandes metrópolis.

Jets hipersónicos

Se denomina velocidades hipersónicas a aquellas superiores a 5 veces la velocidad del sonido, o sea 5 x 343.2 m/s = 1716 m/s y los aviones hipersónicos, que vuelan a gran altitud, serán una realidad en pocos años.

La oficina de patentes en EE. UU. concedió la primera patente a Airbus para un jet capaz de volar de Londres a la ciudad de Nueva York en una hora. Por favor, abróchense bien los cinturones de seguridad.

No cabe duda, los aviones hipersónicos son el futuro de la aviación. Los motores tipo cohetes se han ensayado en proyectos como el X-15 de la Fuerza Aérea de EE. UU. (USAF) y la NASA; ya en octubre de 1967 se estableció el récord de velocidad para una nave tripulada y propulsada en Mach 6.7 o 7274 km/h.

Imagen 6.10: Jet hipersonico

Compañías como la Boeing y su proyecto X-51 aplican conceptos novedosos como *Wave Rider*, que sostienen el vehículo apoyándose en las mismas ondas de choque que genera el propio vehículo al romper la barrera del sonido.

Boeing presentó en junio del 2018 su concepto para una nave a velocidad Mach 5, construida con titanio, que puede soportar temperaturas superiores a los 1000 °C. La misma se produce por la fricción del aire a tan altas velocidades.

Según la opinión del ingeniero aeroespacial de la Universidad de Stanford, Javier Urzay, especialista en propulsión hipersónica (en entrevista publicada por Javier Yanes [2019]) «El estado de desarrollo de aeronaves hipersónicas tripuladas y propulsadas dentro de la atmósfera está todavía en una fase primaria», pero esta situación puede y está cambiando ya que tanto Airbus como las agencias espaciales de Japón, Alemania, China y Rusia investigan y trabajan intensivamente en este campo.

Estimo que para el final de esta década veremos los primeros viajes hipersónicos en nuestro bello planeta ¿Qué tal ir de París a Sídney en cuatro horas? (Véase imagen 6.10).

Drones taxi, autos voladores, superbuses, taxis fluviales, no son cosas del futuro, son ya una realidad. De acuerdo con Pastor (2020) ya han empezado pruebas y usos con vehículos sin conductores: «En el Reino Unido ya están probando uno de ellos: el proyecto CAPRI ha cristalizado en el despliegue de una flota de pequeños autobuses o 'pods' autónomos y sin supervisión». Lo que pasará es que su uso se hará cada día más común.

Es indudable que la tendencia del transporte del futuro ya sea autos, trenes, *pods*, etc., será alejarse del consumo de combustibles fósiles contaminantes y acercarse al uso de energía limpia y renovable. Los trenes bala «Maglev» remplazarán a los aviones que dan servicio a cortas y medianas distancias (cercanías), menos de 200 km. Los taxis aéreos y *pods* autónomos serán de uso general.

La electrificación de vehículos como bicicletas, motocicletas o patinetas abre nuevas posibilidades a los viajeros para el último kilómetro (de la estación al hogar o el centro de trabajo). Esto desestima el uso de automóviles privados y estimula la movilidad compartida.

La eficiencia en el uso de nuestros limitados recursos, para satisfacer las necesidades de transporte de una población de más de 9000 millones de seres humanos, será un factor primordial.

Estas son las tendencias del transporte del futuro. Hacia allá vamos a toda velocidad.

12

Las pandemias. Uno de los grandes retos

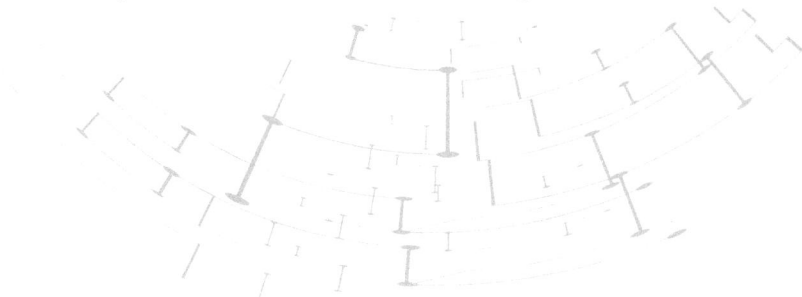

Las enfermedades infecciosas siempre han existido. Muchas veces, debido a ellas, especies enteras de animales llegan al borde de la extinción, como el caso del «Demonio de Tasmania» o TAZ «Tasmenian Devil». Este raro marsupial, oriundo de la isla de Tasmenia al sur de Australia y parecido a un pequeño perro, ha sido declarado «especie en peligro de extinción» ya que es víctima de una infección cancerosa que le produce un tumor facial que a la larga lo mata.

Cuando las enfermedades infecciosas afectan a los seres humanos y se transmiten rápidamente por todo el mundo se llama «Pandemia» (véase imagen 6.11). Gullot y Serpa (2020) mencionan entre las principales que han afectado a la humanidad: la Plaga de Galeno (165-180), con 5 millones de fallecidos; la Peste de Justiniano (541-542), 25 millones; la Muerte Negra (1346-1353), entre 75 y 200 millones; Pandemia de Cólera (1852-1860), 1 millón; Gripe Rusa (1889-1890), 1 millón; Cólera (1910-1911), 800 mil; Gripe Española, 1.[era] gran pandemia del siglo XX (1918-1920), de 50 a 100 millones;

Gripe Asiática de procedencia aviar (1957-1958), 1.2 a 2 millones; VIH-sida (1981 hasta la actualidad), 36 millones.

A pesar de nuestra historia, la actual pandemia nos toma desprevenidos y nos sacude interiormente en nuestros principios y expectativas. Uno de los más minúsculos organismos ha *puesto en jaque* nuestras grandezas.

12.1 Advertencias e improvisación

En un importante discurso en el «National Institute of Health» de EE. UU., en el año 2005, el entonces presidente, George W. Bush, enfatizó, y cito: «If we do not act now, it will be too late to prepare for a global pandemic» (Mosk: 2020) estaba concientizando a la sociedad del peligro que se avecina con las pandemias y pidiendo al Congreso cinco mil millones de dólares para empezar dichos preparativos.

El genial empresario y filántropo Bill Gates, cofundador de Microsoft, en un *Ted Talk* (2015) nos trató de alertar de cuán importante es para el mundo prepararse bien para combatir este flagelo. En dicha conferencia, el Sr. Gates explicaba que era mucho más factible que la próxima catástrofe para la humanidad fuese una pandemia que matase a 10 000 000 de habitantes que una guerra nuclear entre dos potencias militares. Pasaron solo 5 años y su hipótesis se está materializando y comprobando con la pandemia del «novel coronavirus 2019-2020».

Imagen 6.11: Pandemia

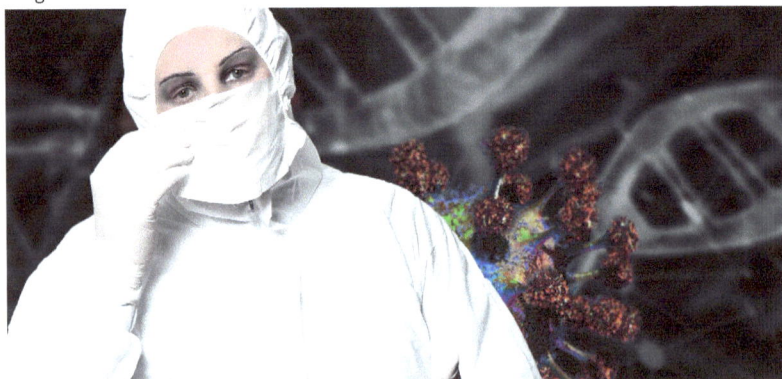

Es significativo señalar que hasta las ardillas y hormigas se preparan para el invierno, sin embargo, hoy nos impacta atestiguar lo mal preparadas que estaban casi todas las naciones en diciembre del 2019 para enfrentar este enemigo silencioso y asesino. En la ciudad de New York, «La Capital del Mundo», no había suficientes mascarillas profesionales para el personal médico, camas de hospitales ni respiradores para lidiar con el «novel coronavirus». Una guerra ya anunciada por años e ignorada por la clase política de casi todo el mundo, donde desgraciadamente se les hace más caso y pleitesía a los generales que a los científicos.

Es necesario, si vamos a reaccionar con sensatez, desviar fondos de los presupuestos nacionales, del conglomerado militar-industrial a los de sanidad pública.

La realidad es que el principal enemigo no es un ejército extranjero, sino un grupito de fanáticos metidos en una cueva o un pequeño virus que nos mató mucha más población que el ataque a las Torres Gemelas en Nueva York.

Esta pandemia pone al descubierto y exacerba las enormes diferencias socioeconómicas de muchas sociedades y naciones. En la Unión Americana son los latinoamericanos y los afroamericanos los que se están infestando desproporcionalmente en comparación con el resto de la población. El grado de hacinamiento en el que viven los más pobres facilita y promueve su contaminación. La falta de reservas económicas para emergencias los obliga a salir de sus casas a buscar empleos temporales y otros recursos, exponiéndose al contagio de esta enfermedad.

El porcentaje de mortalidad en los grupos minoritarios causados por la pandemia es desproporcional al del resto de la población. Ellos no tienen muchos recursos para adquirir mascarillas, guantes y costosos productos de limpieza. Los pobres, muchas veces, tienen que escoger entre comprar gasolina para desplazarse o comprar alimentos, productos de limpieza y desinfectantes para su higiene y protección.

En el caso de los inmigrantes indocumentados el peligro es mayor: se les dificulta obtener ayuda económica y alimenticia, pues tienen problemas de comunicación y entendimiento (no comprenden cabalmente las reglas y el funcionamiento de una sociedad para ellos extraña). Además, temen ser deportados si contactan agencias gubernamentales pidiendo ayuda.

La población asiática en nuestro país está siendo discriminada por muchos ignorantes que no entienden que el dueño del restaurante tailandés cerca de su casa no es responsable de la pandemia coronavirus 2019-2020 que se originó en Wuhan, China. Este tipo de situaciones nos recuerda las palabras de Albert Einstein y cito, «Hay dos cosas infinitas: el universo y la estupidez humana. Y yo no estoy tan seguro del universo».

En los momentos de crisis, ya sean provocados por fenómenos atmosféricos, telúricos o sanitarios, lo que se requiere es seguir las recomendaciones de los científicos y expertos y ofrecer más solidaridad humana a nivel local, nacional o internacional. En el caso de las pandemias, ellas no respetan raza, género, edad, religión, ni nacionalidad. Tenemos que ser inteligentes y solidarios. Todos somos tripulantes de este hermoso planeta.

El costo económico de la pandemia coronavirus 2019 es de una cantidad estratosférica, millones de millones de dólares solo en EE. UU.; no se ha calculado la cifra final del daño económico en todo el mundo.

El costo del padecimiento humano es incalculable. Hay sufrimientos que no se pueden medir. La pérdida de un hijo o hija, padres, amigos, el abuelito. Estas experiencias marcan profundamente el alma.

12.2 Propuestas

Dicho lo anterior propongo eliminar la mayor cantidad de ejércitos del mundo y gastar esa proporción de los presupuestos y recursos en mejorar la sanidad de las naciones, porque es sencillamente increíble, y bochornoso a la vez, que países con grandes cantidades de misiles, de diferentes alcances, y armas nucleares, no tengan suficientes mascarillas, camas en las secciones de cuidados intensivos y respiradores para atender a su población del ataque de un pequeño pero letal virus. Tenemos que seguir el ejemplo de Suiza, Costa Rica, Panamá, o de cualquier otro de los más de veinte países que se encuentran sin ejércitos.

Esta propuesta antimilitarista no es una quimera. Es una decisión sabia y que ha dado muy buenos frutos en muchas latitudes. Tenemos que hacer acopio de coraje político para tomar drásticas decisiones que salven a la humanidad.

Los portaviones, cazabombarderos y cañones no eliminan virus. Estos y otras enfermedades físicas y mentales son los monstruos y enemigos que nos van a destruir.

En este momento, en realidad, tenemos solo dos caminos: aprendemos de la experiencia o la ignoramos.

Si seguimos el primer camino debemos tomar notas y educarnos para mejorar como humanidad y sociedad. Creando y ejecutando programas como:

- Recorte del presupuesto militar a no más del 1% de PNB.
- Asignación del 4% (mínimo) del presupuesto a la salud pública para fortalecer los sistemas sanitarios, especialmente en las comunidades más marginadas económicamente como las personas sin hogar, comunidades indígenas, minorías y enfermos mentales.
- Para que una sociedad esté sana todos sus componentes deben tener acceso a servicios médicos de calidad. Sin relegar la nutrición y atención a las enfermedades mentales. De qué vale ser una persona rica y sana si está rodeada de pobres y enfermos.
- Creación de cuerpos médicos móviles de carácter nacional e internacional.

- Juegos o prácticas en el terreno de simulación de pandemias (*like war games*).
- Más inversión en el estudio de los procesos de creación de vacunas y cómo, usando la Inteligencia Artificial, se puedan acelerar estos procesos.
- Solidaridad global.

El segundo camino es seguir como si la pandemia coronavirus 2019-2020 solo hubiese sido un evento casual. Por esa vía continuamos gastándonos el «oro y el moro» en gastos militares y explorando el cosmos. De todos nosotros depende la decisión.

Los efectos negativos y positivos de la pandemia por coronavirus 2019-2020

Negativos
- La misma globalización que acelera el progreso planetario y ayuda a eliminar la pobreza en muchos lugares de la tierra, acelera también, con el transporte moderno, la dispersión de enfermedades contagiosas. Como respuesta ocurre entonces un retroceso en la globalización. Las cuarentenas, suspensión de actividades, cierre de fronteras se traducen en una parálisis del desarrollo tecnológico y de la expansión del mismo.
- Todo en esta vida trae un costo. Como señalamos con anterioridad, con frecuencia se calcula el costo de la pandemia en términos económicos, pero en estos momentos también deben considerarse los costos emocionales, afectivos y las enfermedades psicológicas colaterales que se han desarrollado a partir del «exceso» de información y el tratamiento de la misma. Se sabe que han aumentado los casos de agorafobia (miedo a los espacios exteriores, a las

multitudes, a sentirse desprotegido), cuadros depresivos y misofobia (miedo a los gérmenes), incluso, entre los psicólogos se habla de un incremento de «docefobia», que es el miedo irracional a la llegada del fin del mundo. Así que a la par de una amenaza real debemos enfrentar todo lo que de ella, en esta época, se ha derivado.

- Ha ocurrido un aumento de las tendencias primitivas, el tribalismo, regionalismos, levantamiento de muros. En cierta forma, la pandemia ha sido aprovechada por los países desarrollados para justificar su «aporofobia», su rechazo a recibir emigrantes de pocos recursos económicos.

- Aumento de los modelos de gobiernos autoritarios y retroceso en las libertades civiles a causa de las medidas progresivas para combatir rápidamente la pandemia. Parecido a lo que pasó en el transporte aéreo después de los ataques terroristas del 9-11.

- Aumento exponencial de las teorías conspirativas tontas y enfermizas.

- Caos y confusión en los mensajes de las autoridades a los niveles municipales, provinciales (condales), estatales y nacionales.

- La pandemia ha acentuado y puesto en evidencia los grandes contrastes entre los estratos socioeconómicos de nuestras sociedades; ha mostrado las dificultades en el acceso a los bienes y la atención sanitaria requerida para afrontar exitosamente esta calamidad entre los más pobres.

Positivos

Como seres humanos dispuestos a avanzar debemos obtener de cada dificultad herramientas que nos permitan nuestro desarrollo, así que no debe parecer desatinado tratar de ver los aspectos positivos que deja la pandemia en nuestro actual mundo globalizado.

- A pesar de la cantidad de fallecimientos ocurridos, estos son en realidad pocos si los comparamos con otras epidemias que nos han afectado como especie; si regresamos a la información colocada al principio de este capítulo —donde aparecen las diferentes pandemias a lo largo de la historia— nos damos cuenta de que como sociedad hemos avanzado en los sistemas de salud y atención médica, a pesar de la improvisación vista en muchos casos. Consideremos, por ejemplo, que la llamada Gripe Española acabó con la vida de 50 millones de personas, cuando el planeta estaba habitado por aproximadamente 1 825 millones (Erkoreka: 2018). Esto nos dice que nuestro desarrollo no ha sido en vano, que toda la tecnología puesta al servicio de las comunicaciones ha permitido que los individuos se protejan, aunque los gobiernos no actúen atinadamente.

- El tiempo de cuarentena le ha servido a muchos para hacer un alto en sus apresuradas carreras contra el tiempo y meditar, leer, escribir, disfrutar en familia...; revalorizar las prioridades de sus vidas. Les ha permitido tiempo con los amigos, padres, hijos, pareja. Tener tiempo para disfrutar de un abrazo y tener una conversación presencial con las personas cercanas al corazón, es una ganancia que debemos apreciar.

- La pandemia nos ha concientizado sobre la necesidad de vivir en armonía con la naturaleza y descartar la idea tonta de que la vamos a dominar. Lo más que podemos hacer es prepararnos mejor para cuando vengan las calamidades.

- El orden en el que ubicamos a los países y sociedades en el desarrollo humano ha cambiado mucho durante la pandemia «coronavirus 2019-2020». Muchos países «menos poderosos» estaban mejor preparados para una pandemia que los que creíamos «países superiores», así que podemos decir como la popular canción: «La vida nos da sorpresas, sorpresas nos da la vida» (Rubén Blades, «Pedro Navaja»).

- Se evidencia la necesidad de aumentar la transparencia en la información científica. Que durante las pandemias los científicos tengan más influencia y poder que los políticos. Solo así se podrá optimizar nuestra respuesta a una emergencia sanitaria a nivel global.

Finalmente podemos decir que la pandemia nos ha colocado en una disyuntiva cardinal. La familia humana sobrevivirá, o como los dinosaurios y millones de especies extintas pasaremos a la historia como la especie más inteligente y a la vez tonta que pisó este divino planeta.

13

Medioambiente: el gran reto

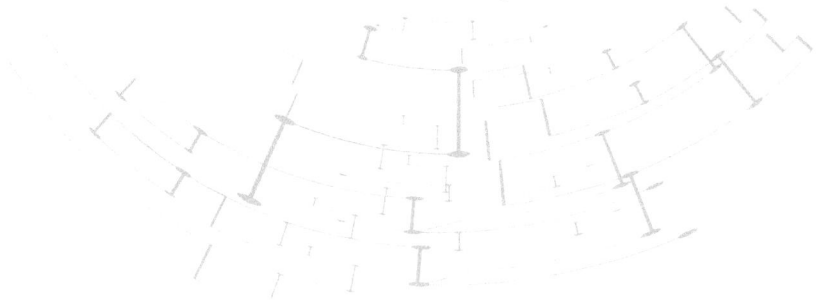

Lo señalo con gran énfasis, no hay un ser en este planeta que haya transformado más su entorno que los seres humanos. En nuestro afán por «mejorar» y prolongar nuestras vidas estamos alterando y contaminando nuestro planeta a un nivel y una velocidad nunca vista.

Si no cambiamos nuestra mentalidad y estilo de vida, si no tomamos conciencia del tamaño y gravedad del desafío que es el deterioro acelerado de la calidad del aire que respiramos, la comida que ingerimos, el ruido que escuchamos, la vida de los bosques y manglares, y la de los lagos, ríos y mares que regulan la temperatura y son las fuentes de agua de la humanidad y el planeta, y si seguimos contaminando con millones de toneladas de plástico y desechos de todo tipo, todos moriremos, nadie sobrevivirá. En realidad, cometemos una locura, casi un suicidio colectivo.

Envenenar nuestros océanos, lagos y ríos es solo comparable a un pequeño pueblo con un solo pozo de agua y que todos los pobladores usen el pozo como basurero. El desenlace es predecible. Este pueblo no tendrá un buen futuro.

La emisión de monóxido de carbono (CO) por nuestros vehículos y fábricas es una causa, probada científicamente, del deterioro de la calidad del aire que respiramos. El monóxido de carbono es un gas traza incoloro, inodoro (sin olor) y venenoso en la atmósfera, y no tiene un efecto directo sobre la temperatura global, como lo hacen el metano y el dióxido de carbono [CO_2] (Carbón Monóxido, n.d.).

Sin embargo, el monóxido de carbono desempeña un papel importante en la química atmosférica y afecta la capacidad de la atmósfera para limpiarse de muchos otros gases contaminantes. En combinación con otros contaminantes y la luz del sol, también participa en la formación de malos ozonos en la atmósfera y también en el smog (niebla tóxica) urbano (Carbón Monóxido, n.d.)

Con todas las implicaciones que este fenómeno conlleva, como la extinción de un millón de especies de animales al año, desaparición de islas bajas y terrenos costeros, aparición de eventos en el estado del tiempo con fuerzas extremas tales como rabos de nubes o tornados superintensos, la abundancia de huracanes o tifones —como le llaman en Asia a estos colosos de gran intensidad y poder de destrucción— acompañados de sus primos, los tsunami, provocados por los terremotos submarinos, es realmente alarmante.

Soy un apasionado del desarrollo humano y su progreso social y económico, pero me preocupa profundamente que un billón de nosotros pasemos a las filas de la clase media y empecemos a consumir y consumir disparando una demanda de artículos y servicios que pondrán más estrés al ya abusado planeta tierra, que le llamaremos *Planeta A*".

13.1. Datos

Veamos algunos datos del World Economic Forum (Foro Económico Mundial):

En los últimos cincuenta años hemos perdido la mitad de los corales marinos y los bosques de manglares, el tamaño de la población marítima también se ha reducido a dos terceras partes. La vegetación marítima entre manglares, algas y humedales toman diez veces más dióxido de carbono (CO_2) que los bosques tropicales y almacenan cinco veces más cantidad de carbono, lo que beneficia al planeta, pues retarda el cambio drástico en el clima. Los corales marinos junto a los manglares y humedales forman una barrera de protección natural contra el impacto a tierra firme de huracanes y tormentas.

Los océanos tienen el potencial de producir energía térmica usando la energía que captan del sol, y energía mecánica si aprovechamos el movimiento de las mareas y olas.

Los vientos que soplan sobre los océanos son más veloces y las turbinas generadoras de electricidad, sobre él, son mucho más productivas, solo el 0.1% de la energía acumulada en el océano es suficiente para satisfacer nuestras necesidades al 500%.

La producción de alimentos en los océanos es vital para la humanidad, tanto la pesca como la acuacultura nos ofrece una fuente enorme de proteínas. A través de los océanos transportamos el 95% del comercio internacional, nuestros mares son grandes atractivos para el deporte y el turismo con sus ofertas de buceo, natación, clavados, pesca deportiva, observación de delfines y ballenas. La navegación recreativa en veleros y cruceros son grandes fuentes de trabajo y riqueza.

Por estas y muchas razones más, tenemos que hacer una limpieza profunda en todo, en especial en nuestras mentes, para así cuidar y preservar este tesoro que son nuestros mares para el disfrute de las próximas generaciones. Las personas inteligentes cuando hacen sus planes de futuro tienen un plan A y uno B por si el primero no funciona, pero nosotros solo tenemos un Planeta A, no hay Planeta B. Tenemos que cultivar un nuevo sentido de ciudadanía planetaria, dejar de ser una especie tóxica y esforzarnos al máximo para cuidar el medioambiente.

Se denomina agua potable, al agua que puede ser consumida sin restricciones para beber o preparar alimentos. Los problemas con el agua potable son muchos, tenemos que seguir los procesos de acopio, producción y distribución usando la mejor tecnología y un buen criterio de manejo.

La Organización Mundial de la Salud con sus diversos programas logró para el 2015 reducir a la mitad la proporción de personas sin acceso sostenible al agua potable y a servicios básicos de saneamiento. Las soluciones van en la dirección de:

- Conexión domiciliaria de agua corriente
- Grifo público
- Pozo perforado
- Pozo excavado protegido
- Manantial protegido
- Acopio de agua de lluvia
- Plantas desalinizadoras

Hay que crear conciencia del gran valor de este vital fluido para el desarrollo de la vida humana. El punto de no retorno para el cambio climático ya tiene fecha, el periodista Adrián Espallargas afirma que: «No es una profecía maya». Los científicos han concluido que, si no actuamos ya contra el cambio climático, nuestro planeta llegará a un «punto de no retorno para el 2035».

El desafío es sumamente difícil de superar, es nada más y nada menos que cambiar nuestros hábitos de consumo, nuestros valores y formas de pensar. Las consecuencias, si no cambiamos nuestras acciones destructivas y contaminantes, serán una catástrofe para el planeta y los seres vivos que estamos aquí. La responsabilidad está en cada uno de nosotros.

Es vital educar y entrenar a la juventud y la niñez en controlar los instintos naturales de gratificación inmediata, y crear conciencia de que nuestras acciones tienen consecuencias que pueden ser beneficiosos o desastrosas para el resto de la humanidad. La evolución tecnológica debe ir pareja con la evolución del comportamiento ecológico de la población, solo así se podrá mantener el mundo en un estado óptimo de conservación

El ingeniero ambientalista Harry Weisler señala que «en las últimas décadas se han propuesto varias medidas para mejorar el medioambiente y limitar nuestra dependencia en los combustibles fósiles incluyendo la fracturación hidráulica y el mal denominado carbón "limpio"».

Lo único que puede disminuir el uso de combustibles fósiles es el desarrollo de energías alternativas. No hay ninguna panacea o solución mágica. Se requerirá de una mezcla de varias opciones dependiendo de las características geográficas, climatológicas, sociales y económicas locales. Podemos enfrentar los retos mencionados anteriormente, solo se requiere coraje político.

13.2. Propuestas

Energía. Incentivar el uso de energías renovables y la inversión en la infraestructura necesaria para que los combustibles alternativos, motores eléctricos, hidrógeno y etanol, estén al alcance de todos, así como las estaciones de gasolina al inicio del siglo pasado.

Agua.Prohibir el uso de artículos de plástico en zonas costeras, así como los desechos sólidos y descargas tóxicas en cuerpos de agua.

Calentamiento global. Respeto y cumplimiento de los acuerdos internacionales que establecen límites en la emisión de gases efecto invernadero por parte de países desarrollados y en vías de desarrollo.

Los países en vías de desarrollo pueden aprender las lecciones de los países desarrollados y acoger el desarrollo sustentable, saltándose las duras lecciones proporcionadas por el desarrollo y uso de combustibles fósiles. Los gobiernos locales de áreas en peligro por los efectos del calentamiento global están creando planes locales y regionales para mitigar los impactos derivados del alza en el nivel del mar y efectos climatológicos mayores.

A lo largo de este libro he tratado de compartir con el lector mi visión, en general optimista, del momento histórico que estamos viviendo y mi humilde pronóstico del futuro. Debemos cambiar la percepción que tienen muchas personas de que el futuro ya no es lo que solía ser. Muchas de las soluciones propuestas les corresponderán asumirlas a los gobiernos nacionales y locales, y concretarlas en la reforma educativa a nivel básico, en el enfoque pragmático de las carreras del futuro en las universidades y escuelas técnicas, en el desarrollo de tecnologías de automatización y seguridad y (su control), y las que acabo de mencionar en el tema del medioambiente.

Cuando se trata del medioambiente, sin embargo, las soluciones no son únicamente responsabilidad del gobierno, sino de cada individuo. Tenemos el poder de decidir en nuestra vida cotidiana qué productos comprar, desde el automóvil que conducimos, hasta la comida que disfrutamos, el uso de bolsas de plástico o cartón o reutilizables, focos eléctricos iluminadores ahorradores, hasta qué producto usar basado en su empaque o huella ambiental.

Se deben desarrollar programas educativos para concientizar a la sociedad de la importancia vital de cuidar el medioambiente y transmitir esta información a través de los medios de comunicación masiva.

Estas son algunas de nuestras propuestas para empezar a revertir la grave situación en la que hemos puesto nuestro planeta. Estamos en una encrucijada existencial. Si no despertamos y nos sensibilizamos a la dura realidad de lo que estamos haciendo —con nuestra apatía, superficialidad de pensamiento y falta de responsabilidad con la tierra y el medioambiente—, ¿dónde vivirán nuestros descendientes? Sencillamente, estamos destruyendo el planeta.

13.3. El tiempo se acorta y el reto se agiganta

Las predicciones sobre el futuro del planeta pueden ir desde las más optimistas —quienes piensan que lograremos las tecnologías necesarias para revertir los efectos dañinos causados hasta ahora—, hasta las más pesimistas —quienes piensan que ya entramos al punto de no retorno— (REPÚBLICA EFE, 29 de noviembre de 2019; Helen Regan, 28 de noviembre de 2019).

Sea cual sea la posición que tengamos, es un hecho que la tierra ha sufrido cambios como la desaparición de especies y aumento de las temperaturas globales, debido a la intervención humana.

Muchos de estos cambios no se pueden deshacer, no podemos recuperar una especie perdida si no tenemos su ADN, por ejemplo, pero sí podemos evitar que los cambios que le hacen daño al planeta sigan sucediendo.

El fin del capítulo lo escribe cada uno de los lectores, así como el fin del planeta tal como lo conocemos depende de nosotros mismos. ¿Usted va a ser de los que contaminen?, ¿o será de los que limpien y concienticen sobre cuánto tienen que cuidar este precioso planeta?

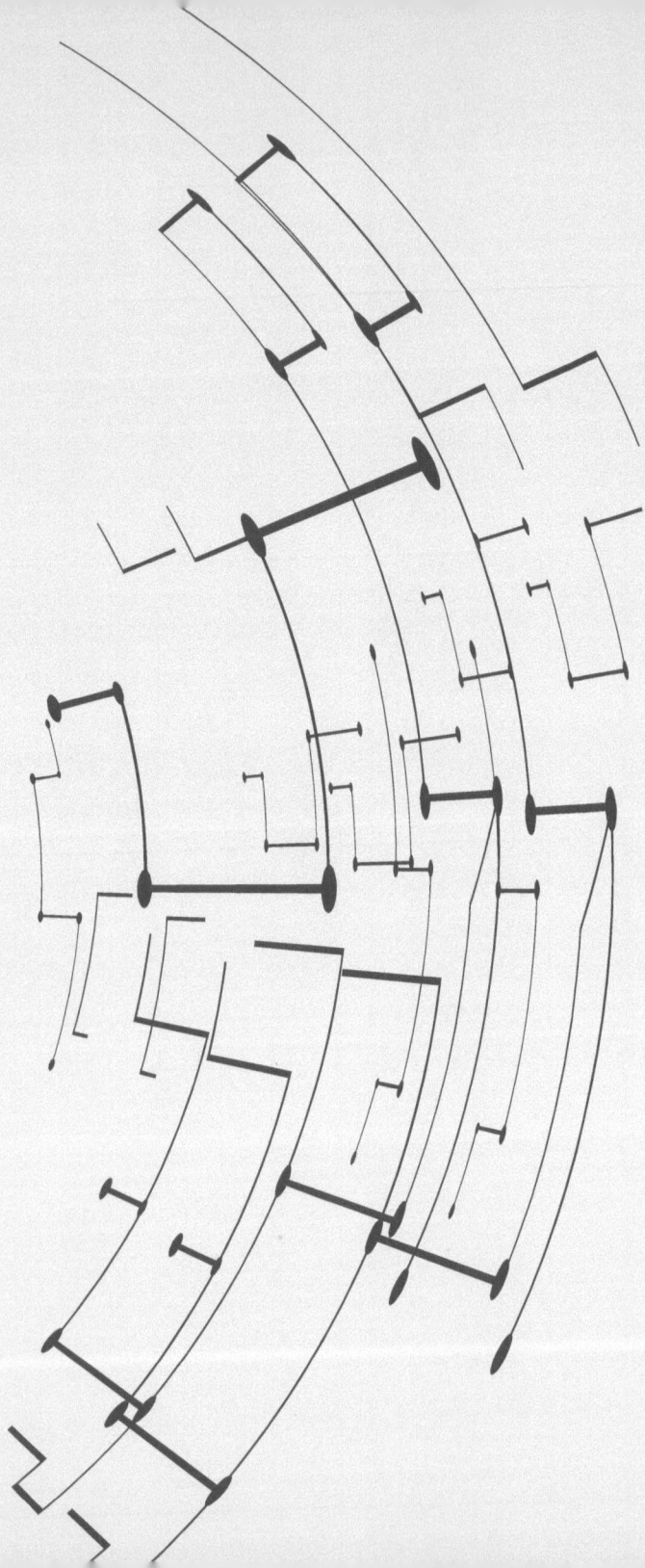

Epílogo

Resumiendo

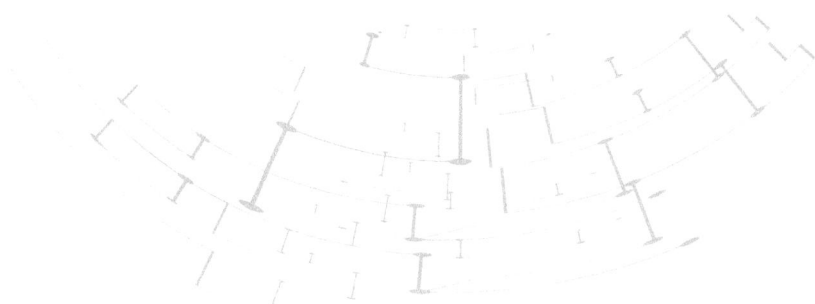

A través de los siglos los seres humanos hemos ido avanzando en el camino del desarrollo tecnológico y humano. Esto lo hemos logrado, primero, poco a poco, con lentitud, y después a gran velocidad. Acumulando conocimientos, aprendiendo cada día y usando nuevas tecnologías hemos evolucionado y mejorado nuestros niveles de vida y confort, pero cada día nuestra huella ecológica es más profunda.

La recuperación y preservación de nuestros bosques, la contaminación de nuestros mares, lagos, ríos y el mismo aire que respiramos representa un gran reto a la humanidad. La responsabilidad no es una tarea exclusiva de nuestros dirigentes, la clase empresarial, los educadores o los medios de comunicación, sino de todos los seres humanos, especialmente los padres de familia, quienes tienen la misión y la obligación de fomentar una cultura de ecología moral, que no es más que «la cultura cívica» que se requiere para conservar nuestro planeta en las mejores condiciones para nuestro disfrute y, sobre todo, el de nuestra descendencia.

La carrera de nuestra existencia es de relevo y de larga duración, tenemos que pasar la antorcha a las nuevas generaciones encendida y en buen estado. Cuando tengamos la sensación de que la rapidez de los cambios y la tecnología nos exceden, debemos sobreponernos a este sentimiento siendo más positivos y emprendedores.

He mencionado algunas realidades de una nueva era que arriba con grandes desafíos para nosotros y las generaciones venideras que han de seguir nuestros pasos.

El camino hacia el futuro no siempre será sencillo y tendremos que enfrentarnos a grandes retos y situaciones que en algunos casos podemos anticipar y en otros no.

En este ensayo quiero rematar la faena, no con la simple esperanza de quien es básicamente optimista, sino con la convicción de quien cree en el sentido profundo y trascendental de la humanidad con todas las nuevas tecnologías, las cuales nos ayudarán a crear un mundo más justo, sano y con mejor balance entre lo material y lo espiritual. Disfruten el viaje que es nuestra vida.

Apéndices

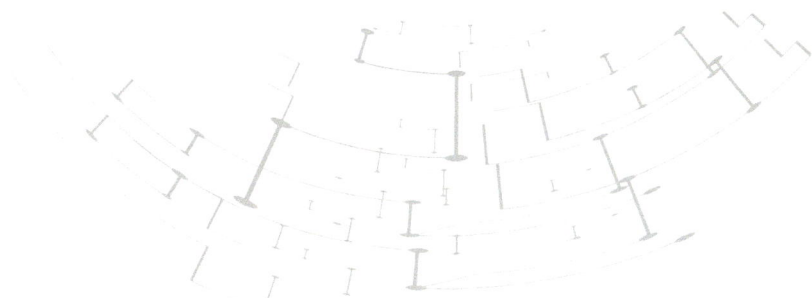

Apéndice A. Capacidad acumulada de energía eólica global hasta el 2016

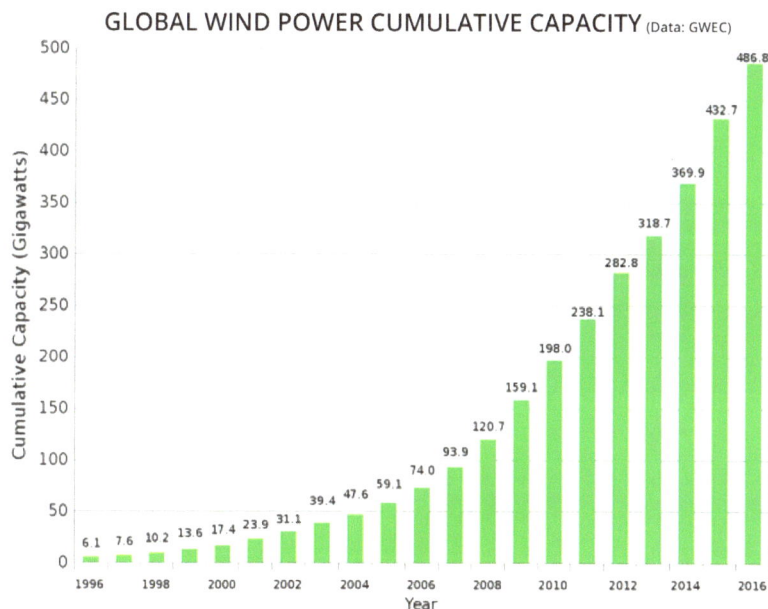

GLOBAL WIND POWER CUMULATIVE CAPACITY (Data: GWEC)

Fuente: https://upload.wikimedia.org/wikipedia/commons/1/1d/Global_Wind_Power_
Cumulative_Capacity.svg. Delphi234 [CC0] From Wikimedia Commons, the free media repository

* Esta gráfica solamente refleja la capacidad acumulada de energía eólica hasta el año 2016. Para el año 2017 la capacidad aumentó a 546 388 (MW) y para el 2018 aumentó a 596 556 (MW).

De acuerdo al Consejo Mundial De Energía Eólica (GEWC) se pronostica que la capacidad eólica global alcanzará los 800 MW en 2021.

Apéndice B. Evolución de la potencia instalada renovable

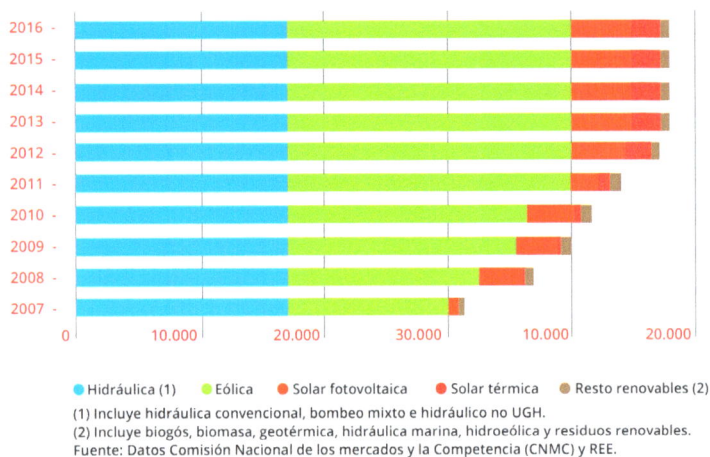

EVOLUCIÓN DE LA POTENCIA INSTALADA RENOVABLE
SISTEMA ELÉCTRICO NACIONAL

● Hidráulica (1) ● Eólica ● Solar fotovoltaica ● Solar térmica ● Resto renovables (2)

(1) Incluye hidráulica convencional, bombeo mixto e hidráulico no UGH.
(2) Incluye biogás, biomasa, geotérmica, hidráulica marina, hidroeólica y residuos renovables.
Fuente: Datos Comisión Nacional de los mercados y la Competencia (CNMC) y REE.

Fuente:: https://www.nobbot.com/futuro/cuanta-potencia-mundial-viene-energia-renovable/

* El gráfico muestra cómo la potencia instalada se detuvo significativamente en 2013 y no volvió a aumentar.

Apéndice C. La energía que consume el ser humano y de dónde procede

Global energy consumption 2013

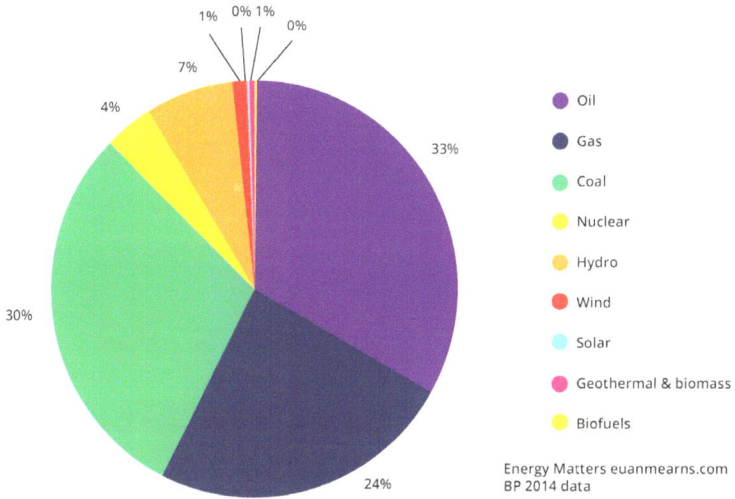

●	Oil
●	Gas
●	Coal
●	Nuclear
●	Hydro
●	Wind
●	Solar
●	Geothermal & biomass
●	Biofuels

Energy Matters euanmearns.com
BP 2014 data

Fuente:: http://www.decrecimiento.info/2006/06/tipos-y-fuentes-de-energa.html

- Petróleo 33%
- Carbón 24%
- Gas 30%
- Hidráulica 7%
- Nuclear 4%
- Otros 2%

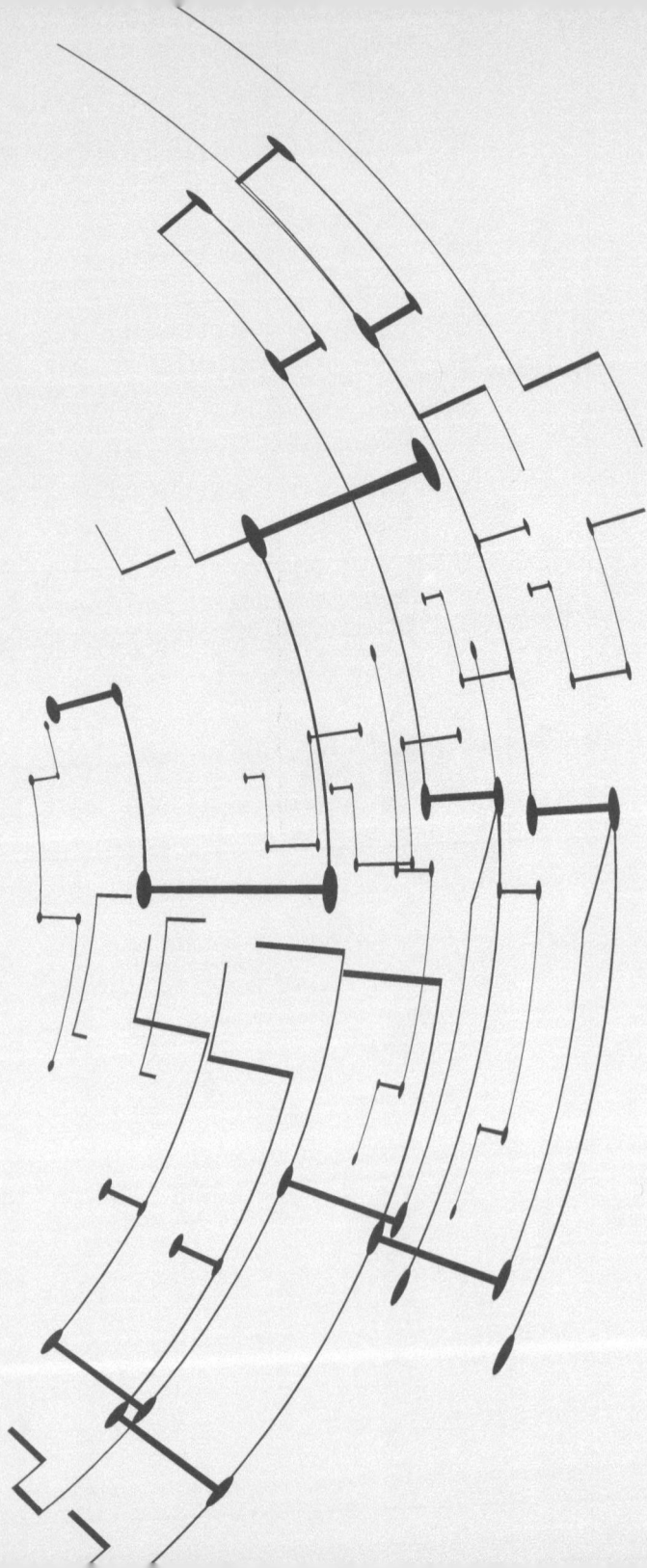

Bibliografía

- Aamoth, D. (18 de agosto de 2014). *First Smart Phone IBM Simon.* Time Magazine. Recuperado de: https://time.com/3137005/first-smartphone-ibm-simon/

- American Psychological Association (APA). (18 de julio de 2019). Women now seen as equally as or more competent than men: Polling data suggest stereotypes have significantly changed since 1940s. *ScienceDaily.* Recuperado de: www.sciencedaily.com/releases/2019/07/190718112532.htm

- Bajo, C. (23 de febrero de 2018). *Neuroplasticidad, un reto a nuestro alcance.* Recuperado de:https//yyoconestosnercios.wordpress.com/2018/02/23/neuroplasticidad-un-reto-a-nuestro-alcance/

- Bewicke, H. (2 de enero de 2019). Chart of the day: *These countries have the largest carbon footprints.* Recuperado de: https:// weforum.org/agenda/2019/01/chart-of-the-day-these-countries-have-the-largest-carbon-footprints/

- Browne, R. (5 de diciembre de 2017). *World's first robot 'citizen' Sophia is calling for women´s rights in Saudi Arabia.* CNBC. Recuperado de: hanson-robotics-ceo-sophia-the-robot-an-advocate-for-womens-rights.html

- Castañeda Gullot, Carlos, & Ramos Serpa, Gerardo. (2020). Principales pandemias en la historia de la humanidad. Revista Cubana de Pediatría, 92(Supl. 1), e1183. Epub 20 de julio de 2020. Recuperado el 22 de enero de 2021, de http://scielo.sld.cu/scielo.php?script=sci_arttext&pid=S0034-75312020000500014&lng=es&tlng=es

- Cala, I. (19 de marzo de 2018). *Mindfulness ¿El camino hacia la paz?* Recuperado de: https://ismaelcala.com/mindfulness-camino-hacia-la-paz/

- Carbón Monóxido (n.d.). Recuperado de: https://earthobservatory.nasa.gov/global-maps/MOP_CO_M

- Carrier Aggregation explicado para *mortals* (n.d.). Recuperado de: https:// pisapapeles. net/carrier aggregation-explicado-para-mortales/

- Cifuentes, N. (20 de febrero de 2018). *Nuevos tiempos, nuevos trabajos.* Recuperado de: https://www.elnuevoherald.com/noticias/estados-unidos/article201074099.html

- Concepto. (n.d.). ¿Qué es la energía hidráulica? Recuperado de: https://concepto.de/energia-hidraulica/

- Deadly Statistics (n.d.). Recuperado de: http://www. lifeinsurancequotes.org/additional-resources/deadly-statistics/

- Desenchufados (n.d.) Unidades de potencia y energía. *¿Qué son los Megavatios (MW) y los kilovatios/hora (kWh)?* Recuperado de: https:// desenchufados.net/unidades-de-potencia-y-energia-que-son-los-megavatios-mw-y-los-kilovatioshora-kwh/

- EFE (16 de abril 16 de 2018). LOS ÁNGELES: *¿Existe ya tecnología que predice crímenes en EE.UU.?* Recuperado de: https://www. excelsiorcalifornia.com/2018/04/16/existe-ya-tecnologia-que-predice-crimenes/

- Energy Information Administration (eia). (agosto 2019). Electric Power Monthly. Recuperado de: https://www.eia.gov/electricity/monthly/ current_month/epm.pdf

- Erkoreka, Anton (18 de noviembre de 2018) Cien años de la gripe que mermó la población mundial (entrevista en NUEVATRIBUNA. ES). Recuperado el 23 de enero de 2021, de https://www. nuevatribuna.es/articulo/historia/cien-anos-gripe-mermo-poblacion-mundial/20181116165443157510.html

- Ferro, S. (9 de mayo de 2018). *Fear of Flying? Airplanes Are, In Fact, the Safest Way to travel.* Recuperado de: https://mentalfloss.com/ article/543985/airplanes-safest-way-to-travel

- Frey, B. F. and Osborne, M. A. (17 de septiembre de 2013). *The future of employment: How susceptible are jobs to computerization?* Recuperado de: https://www.oxfordmartin.ox.ac.uk/downloads/academic/The_ Future_of_Employment.pdf

- García, M. G. (9 de noviembre de 2010). *Yo no vengo a decir un discurso.* Publicado en España. Random House Mondadori.

- Gates, Bill (3 de abril de 2015) conferencia en HYPERLINKwww.ted.com>talks>bill_gates_the_next_outbreak_are_not_ready.

- Gemalto (2019). *Características y usos de esta tecnología*. Recuperado de: https://gemalto.com/latam/telecom/inspiracion/5g

- Infobae (31 de octubre de 2019). *Los países con mayor producción de energía eólica*. Recuperado de: https://www.infobae.com/2016/03/13/1796528-los-paises-mayor-produccion-energia-eolica/

- Instituto Nacional del Cáncer (NIH) (n.d.) *Inhibidor de puntos de control inmunitario*. Recuperado de: https://www.cancer.gov/espanol/publicaciones/diccionario/def/inhibidor-de-puntos-de-control-inmunitario

- Kristof, N. (5 de enero de 2019). *Why 2018 Was the Best Year in Human History!* Recuperado de: https://www.nytimes.com/2019/01/05/opinion/sunday/2018-progress-poverty-health.html

- Maldonado, C. (n.d.). *Carrier Aggregation explicado para mortales*. Recuperado de: https://pisapapeles.net/carrier-aggregation-explicado-para-mortales/

- Mallonee, L. (29 de marzo de 2018). *Photographing a Robot Isn't Just Point and Shoot*. Recuperado de: https://www.wired.com/story/photographing-a-robot/

- Marcos, F. (n.d.). *En cada época el ser humano tiene que liberarse de su angustia*. Recuperado de: https://www.feadulta.com/es/buscadoravanzado/item/10260-en-cada-epoca-el-ser-humano-tiene-que-liberarse-de-su-angustia.html

- Martinez, A. (12 de noviembre de 2016). *Unidades de potencia y energía. ¿Qué son los Megavatios (MW) y los kilovatios/hora (kWh)?* Recuperado de: https://desenchufados.net

- Mindfulcies (2 de mayo de 2014). *Mindfulness versus piloto automático*. Recuperado de: http://mindfulcies.blogspot.com/2014/05/mindfulness-versus-piloto-automatico.html

- Morris, C. (26 de octubre de 2010). *Age Defining: Antique vs. Vintage vs. Retro*. Recuperado de: https://www.apartmenttherapy.com/age-defining-an-130615

- Mosk, Matthew (5 de abril 2020). George W. Bush in 2005: 'If we wait for a pandemic to appear, it will be too late to prepare'. ABCNEWS. Recuperado el 22 de enero de 2021, de https://abcnews.go.com/Politics/george-bush-2005-wait-pandemic-late-prepare/story?id=69979013

- Nates, Javier (14 de octubre de 2017) El cambio climático obliga a variar el ciclo de las cosechas. ABC. Recuperado el 21 de enero de 2021, de https://www.abc.es/sociedad/abci-cambio-climatico-obliga-variar-ciclo-cosechas-201710141655_noticia.html

- Olmedo, S. (2016). *Detox Emocional: Cómo sacar de tu vida lo que te impide ser feliz* (Spanish Edition). Editorial Planeta Mexicana S.A.

- Organización de las Naciones Unidas para la Alimentación y la Agricultura (2015) Los suelos están en peligro, pero la degradación puede revertirse. Recuperado el 20 de enero de 2021, de http://www.fao.org/news/story/es/item/357165/icode/

- Organización de las Naciones Unidas para la Alimentación y la Agricultura. (2009). Alimentar al mundo en 2050. Recuperado el 20 de enero de 2021, de http://www.fao.org/tempref/docrep/fao/meeting/018/k6021s.pdf

- Pastor, Javier (21 de enero de 2020). Los 'pods' autónomos del proyecto CAPRI ya están en marcha en el Reino Unido. Xataka. Recuperado el 22 de enero de 2021 de https://www.xataka.com/vehiculos/pods-autonomos-proyecto-capri-estan-marcha-reino-unido-para-plantear-otra-forma-ir-compras Quora (n.d.). *What is the meaning of a 400 MW power plant?* Recuperado de:https://www.quora.com/What-is-the-meaning-of-a-400-MW-power-plant

- QVAD Historia (10 de septiembre de 2018). *HISTORIA ANTIGUA, HISTORIA UNIVERSAL "Robots" de la antigüedad.* Recuperado de: https://quevuelenaltolosdados.com/2019/09/10robots-de-la-antiguedad/

- Ramírez, Alejandra (20-agosto de 2018). La agricultura del futuro, ¿hacia dónde vamos? EXPOK Recuperado el 20/01/2021 de: https://www.expoknews.com/la-agricultura-del-futuro/

- Raymundo, O. (17 de marzo de 2016). *Meet Sophia, the female humanoid robot and newest SXSW celebrity."* PCWorld. Recuperado de:

https://www.macworld.com/article/3045299/meet-sophia-the-female-humanoid-robot-and-newest-sxsw-celebrity.html

- Re, E. (19 de noviembre de 2018).*What PredPol is and What PredPol is NOT*. Recuperado de: https://www.predpol.com/whatispredpol/

- Regan, H. (28 de noviembre de, 2019). *"Los expertos aseguran que nos encontramos ya en un punto de no retorno en el planeta"*. CNN en español. Recuperado el 30 de noviembre de 2019, de https://cnnespanol.cnn.com/2019/11/28/la-crisis-climatica-empuja-a-la-tierra-a-un-punto-de-inflexion-global-advierten-investigadores/

- Reyes, D. (23 de septiembre de 2016). "Miami-Dade retoma sistema de detección de disparos que había sido abandonado hace tres años". *Cuba en Miami*. Recuperado el 27 de noviembre de 2019, de https://www.cubaenmiami.com/miami-dade-retoma-sistema-de-deteccion-de-disparos-que-habia-sido-abandonado-hace-tres-anos/

- Roa, J. A. (30 de septiembre de 2015). *Las 10 hidroeléctricas más grandes del mundo*. Recuperado de: https://elperiodicodelaenergia.com/las-10-centrales-hidroelectricas-mas-grandes-del-mundo/

- Rodríguez, Otto (3 de enero de 2018). *Inteligencia artificial: ¿conveniencia o amenaza?* Recuperado de: https://www.elnuevoherald.com/noticias/tecnologia/article197719359.html

- Roer, M. (n.d.). *Our world in data. Where in the world do people emit the most CO2?* Recuperado de: https://ourworldindata.org/per-capita-co2

- Salud (1 de octubre de 2018). *Nobel a la inmunoterapia en cáncer*. Recuperado de: https://www.diariomedico.com/salud/nobel-a-la-inmunoterapia-en-cancer.html

- Showroom (n.d.).*Maletas inteligentes: viaja de forma segura, sencilla y moderna*. Recuperado de: https://as.com/showroom/2019/09/27/portada/1569573343556106.html

- Significados (n.d.). *Significado de Chat-Qué es Chat*. Recuperado de: https://www.signicados.com/chat/

- Staletovich, J. (3 de marzo de 2018). *Supercorales para salvar a los arrecifes*. Recuperado de: https://www.elnuevoherald.com/noticias/sur-de-la-florida/article203370019.html

- Techno Inventos (17 de abril de 2018). *Clasificación de los robots.* Recuperado de: https://www.technoinventors.com/clasificacion-los-robots/
- Toffler, A. (5 de marzo de 1970). *Future Shock.* Published in New York, N.Y. Publisher Random House.
- Twenergy (22 de agosto de 2019). *¿Qué es la energía hidráulica?* Recuperado de: https://twenergy.com/energia/energia-hidraulica/que-es-la-energia-hidraulica-426/
- UNDP (22 de noviembre de 2017). *UNDP in Asia and the Pacific Appoints World's First Non-Human Innovation Champion.* Recuperado de: https://www.asiapacific.undp.org/content/rbap/en/home/presscenter/pressreleases/2017/11/22/rbfsingapore.html
- Van Wees, I. (17 de mayo de 2019). *We need to deep clean the oceans. Here's how to pay for it.* Recuperado de: https://www.weforum.org/agenda/2019/05/deep-clean-oceans-how-to-pay-for-it/
- Villarroel Cuevas, Pedro (23 de abril de 2018) "Las maletas inteligentes son una realidad". *El Nuevo Herald.* Recuperado el 27 de noviembre de 2018, de: https://www.elnuevoherald.com/ultimas-noticias/article209616304.html]
- Vincent, J. (21 de marzo de 2018). *A realistic robot fish could help scientists spy on secretive sea life.* Recuperado de: https://www.theverge.com/2018/3/21/17143778/robot-fish-realistic-sofi-mit-csail-marine-exploration
- Waste (n.d.). *Energía hidráulica.* Recuperado: de https:// waste.ideales/hidroeléctrica.html
- Wikinoticias (1 de octubre de 2018). *James Allison y Tasuku Honjo, padres de la inmunoterapia contra el cáncer, ganan el Nobel de Medicina.* Recuperado de:https://es.wikinews.org/wiki/James_Allison_y_Tasuku_Honjo,_padres_de_la_inmunoterapia_contra_el_c%C3%A1ncer,_ganan_el_Nobel_de_Medicina
- Wikipedia.org (n.d.). *Energía mareomotriz.* Recuperado de: https://es.wikipedia.org/wiki/Energ%C3%ADa_mareomotriz#Referencias
- World Wind Energy Association (4 de junio de 2019). *Wind Power Capacity Worldwide Reaches 597 GW, 50,1 GW added in 2018.* Recuperado de: https://wwindea.org/information-2/information/

- Yaghi, O. (21 de julio de 2018). *La "caja mágica" que extrae agua del aire del desierto.* Recuperado de: https://www.elnuevodiario.com.ni/especiales/470114-caja-magica-que-extrae-agua-aire-desierto/

- Yanes, Javier (20 de marzo de 2019). Los Hipersónicos: el futuro de la aviación. OpenMind. Recuperado el 22 de enero, de 2021 dehttps://www.bbvaopenmind.com/tecnologia/futuro/los-hipersonicos-el-futuro-de-la-aviacion/

- Yong, J.D. (2017). Smartland Korea: Mobile Communication, *Culture, and Society.* University of Michigan Press. pp. 34–35. ISBN 9780472053377.

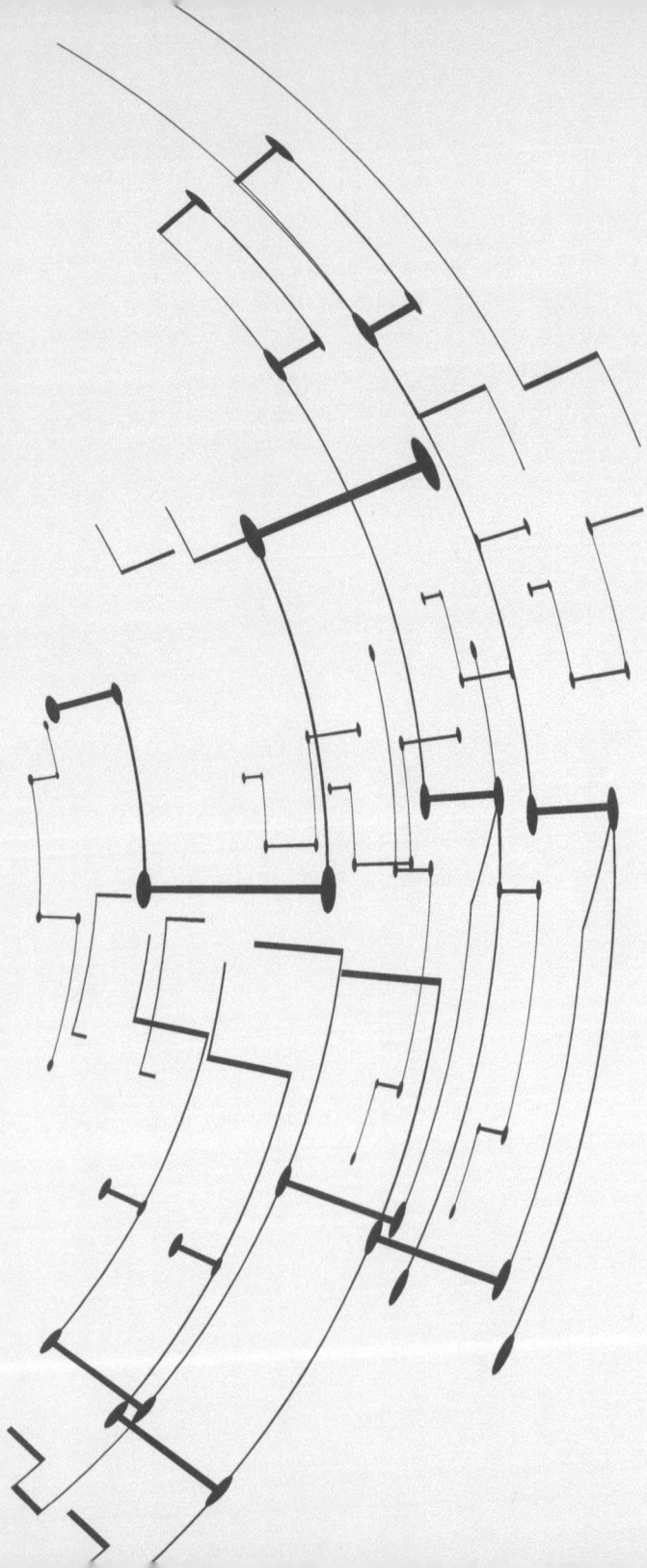

Índice de imágenes

Algunas imágenes fueron tomadas de banco de imagenes de dominio público y otras fueron ilustradas y hechas digitalmente para la producción de este libro.

Índice de palabras

A

B

C

D

Sobre el autor

Rolando González Báez, AWA

Empresario con más de 38 años de experiencia, ha sido galardonado con el premio MEDWeek 50 Most Poweful por el año 2019. MEDWeek es un prestigioso premio empresarial patrocinado por la Agencia de Desarrollo de Negocios Minoritarios del Departamento de Comercio de EE. UU. Su libro *El desafío de los tiempos modernos, una visión sobre las oportunidades del cambio,* fue dos veces premiado en el International Latino Book Awards 2020 en las categorías: Most Inspirational Young Adult Book y Best Business Book. En 1981, Rolando fundó junto con su esposa la empresa Hilton Trading Corporation (AccuBANKER), una exitosa compañía que fabrica y vende tecnología de punta a otras empresas en todo el mundo.

Además, es un ejecutivo emprendedor, visionario, e inventor. En todo el alcance de la palabra, Rolando es un ciudadano cosmopolita que se siente cómodo tanto en América, como en Europa, África, o Asia; donde AccuBanker también mantiene oficinas.

Después de una exitosa carrera empresarial que le ha permitido visitar más de setenta y cinco países, el autor conoce íntimamente la gran transformación tecnológica que se está instalando en nuestro mundo. Como resultado de este profundo conocimiento, y amor por su planeta, el autor quiere compartir con los lectores en su primer libro *El Desafío de los tiempos modernos*, sus opiniones acerca de los cambios y desafíos que esta cuarta revolución industrial/tecnológica está causando.

Rolando es graduado de la Academia Naval Cubana en 1970 como Piloto de Altura. También es titulado del Fire College en los EE.UU., donde se graduó como Especialista de Ciencias de Fuego y Rescate.

Notas del autor

Estimado lector,

Gracias por tomarse el tiempo para leer mi libro *El desafío de los tiempos modernos: una visión sobre las oportunidades del cambio*. Espero que haya disfrutado aprender sobre este fascinante y trascendental tema.

Si usted disfrutó leer el libro y lo considera valioso, le agradecería mucho si pudiera dejar una breve reseña en el sitio donde lo compró. Su ayuda en la difusión de esta obra será muy apreciada.

¡Gracias!

www.ingramcontent.com/pod-product-compliance
Lightning Source LLC
Chambersburg PA
CBHW080048240326
41599CB00052B/16

9 7 8 1 9 5 1 4 8 4 2 7 9